Apprendre comme Einstein

Secrets et techniques pour apprendre quoi que ce soit, développer la créativité et découvrir le Génie en vous

Robert Mercier

INDEX:

Introduction

Albert Einstein et la plupart des autres génies de l'histoire offrent des conseils pratiques que tout le monde peut utiliser pour apprendre rapidement, augmenter sa propre attention, sa créativité ou sa capacité à mémoriser.

Après tout, si vous y réfléchissez bien, dans un monde où la théorie de la relativité existe, Shakespeare est un réseau mondial de superordinateurs qui se connectent en un instant, ce ne sera pas aussi difficile de trouver des personnes capables d'apprendre des choses difficiles de manière extrêmement rapide.

Heureusement, les génies derrière ce genre de prouesses intellectuelles étourdissantes ont été plus que prêts à partager leurs conseils avec le reste du monde.

Einstein, en particulier, a révolutionné la façon dont nous concevons le monde qui nous entoure, mais il ne l'a pas fait en dépréciant son travail et en l'affrontant sans joie. Selon Einstein, un grand effort mental et le plaisir vont de pair, et plus vous vous amusez en apprenant, plus rapidement il est probable que vous obtiendrez les informations dont vous avez besoin, et que vous ferez des progrès.

En 1915, Einstein donna le conseil suivant à son fils de 11 ans, Hans Albert, qui était en train d'essayer de maîtriser l'art de jouer du piano : "Je suis très heureux que le piano t'apporte de la joie... joue ce que tu aimes, même si le professeur ne t'assigne pas ce morceau. Celle-ci est la manière pour apprendre rapidement : lorsque tu fais quelque chose de si amusant que tu ne remarques même pas le temps passer, lorsque tu travailles et que tu oublies de prendre ta pause déjeuner".

Comment vous sentiriez-vous si les gens pensaient que vous étiez la personne la plus intelligente de l'histoire ? Comment votre vie pourrait-elle être différente si vous étiez si intelligent ? Bien que souvent nous pensons à 'Albert Einstein comme l'une des personnes les plus intelligentes de tous les temps, il en vaut la peine d'enquêter sur ce qui l'a rendu ainsi. Les personnes qui parlent bien de lui attribuent souvent son génie à quelque don mystérieux. Ils ne croient pas que son intelligence vienne d'une certaine attitude à l'égard de l'apprentissage. Au lieu de cela, n'importe qui peut chercher de ses habitudes pour devenir plus intelligent et trouver un emploi plus gratifiant.

Avant d'analyser Einstein et son génie, examinons quelques faits intéressants sur sa vie. Ceux-ci prépareront le terrain pour apprécier un peu plus sa philosophie éducative, et pour voir les choses en perspective.

- Bien qu'il ait travaillé dans le monde respecté de l'ingénierie, le père d'Einstein a échoué dans diverses initiatives entrepreneuriales et a dû être soutenu financièrement par les parents.

- lorsque le père d'Einstein a demandé au directeur de son fils quelle était la profession que devait choisir le garçon, le directeur dit : "Peu importe, il ne pourra jamais rien faire".

- Einstein a échoué à son premier examen d'entrée à la faculté suisse qu'il voulait fréquenter.

- Des amis de la famille dirent aux parents d'Einstein : "Ce jeune homme ne fera jamais rien de bon parce qu'il ne se souvient jamais de rien".

- Après avoir obtenu son diplôme universitaire, Einstein s'est vu refuser un poste de l'enseignement de bas niveau (d'autre part, certains de ses camarades ont obtenu de bons postes dans l'enseignement).

- De nombreux scientifiques et professeurs ont refusé ses demandes de travailler pour eux.

- Einstein a lutté pendant quelques années pour trouver un emploi décent et il a fini par travailler comme examinateur de brevets gouvernementaux de troisième classe.

Ces choses ne sont qu'un avant-goût de l'ironie de sa vie. Avec le recul - à la lumière de son génie enfin reconnu - ces faits semblent même amusants. Mais gardez cela à l'esprit. Les choses que d'autres ont qualifiées comme points faibles chez le jeune Einstein se sont révélées être les mêmes choses dont il a eu besoin plus tard pour se distinguer en tant que génie.

Pensez à toutes les personnes étiquetées par les enseignants et les psychologues comme ayant un trouble d'hyperactivité ou un trouble déficitaire de l'attention à notre époque. Soyez conscient que les personnes qui réaliseront davantage dans l'avenir ne réussissent pas si bien à l'école en ce moment ! Tout le monde peut devenir un génie. Cela dépend des choix que nous faisons, de la façon dont nous décidons de passer notre temps et de trouver les ressources dont nous avons besoin pour s'améliorer.

Einstein a beaucoup lu et étudié ; il a travaillé dur sur ses passions et sur ses intérêts. Ces éléments sont fondamentaux pour la réussite de chacun. Toutefois, après avoir fait une étude approfondie de la vie et des écrits d'Einstein, elles ont été identifiées d'autres habitudes développées par ce génie qui ont conduit à ses excellents résultats intellectuels.

1. Einstein : un génie avec une philosophie unique.

1.1 Qui est Albert Einstein ?

Albert Einstein annonça son plus grand succès, la théorie générale de la relativité, à Berlin, il y a plus d'un siècle, le 25 novembre 1915. Pendant de nombreuses années, presque aucun physicien n'a pu le comprendre. Mais depuis les années 1960, après des décennies de controverses, la plupart des cosmologistes ont considéré que la relativité générale était la meilleure explication disponible, si pas la description complète et unique qui donne vraiment un sens à la structure de l'univers observé, y compris les trous noirs.

Pourtant, même aujourd'hui, presque personne, à l'exception des spécialistes, ne comprend la relativité générale - contrairement à des théories plus célèbres comme la sélection naturelle de Darwin. Alors pourquoi Einstein est le scientifique le plus célèbre et cité (voire même mal cité) du monde - beaucoup plus que, par exemple, Isaac Newton ou Stephen Hawking - ainsi qu'un synonyme universel de génie ?

La renommée d'Einstein est vraiment stupéfiante. Lorsqu'il a donné une conférence sur la relativité générale à l'Université d'Oxford en 1931, le public universitaire a rempli la salle, seulement pour s'éloigner déconcerté par ses mathématiques et son allemand, ne laissant qu'un petit noyau d'experts.

Par la suite, un nettoyeur a effacé les équations du tableau noir (bien qu'heureusement un tableau noir ait été sauvé et soit exposé au Musée de l'histoire d'Oxford Science).

Cependant, lorsque Einstein et sa femme sont apparus en tant qu'invités personnels de Charlie Chaplin lors de la première du film City Lights à Los Angeles en 1931, ils ont dû se battre à travers une foule frénétique (sur lequel, auparavant, la police avait menacé d'utiliser du gaz lacrymogène). Tout le cinéma s'est levé en leur honneur. Un Einstein quelque peu déconcerté demanda à Chaplin ce que tout cela signifiait. "Tout le monde m'encourage parce qu'ils me comprennent et ils t'encouragent parce que personne ne te comprend", a plaisanté M. Chaplin.

Dans les années 1940, Einstein a déclaré à un biographe : "Je n'ai jamais compris pourquoi la théorie de la relativité, avec ses concepts et ses problèmes si éloignés de la vie pratique, a causé pendant aussi longtemps une résonance vivante, voire passionnée, parmi une grande partie du public... Je n'ai encore jamais entendu de réponse vraiment convaincante à cette question." Il demanda à un interviewer pour le New York Times, de façon désarmante : "Pourquoi personne ne me comprends, et pourtant tout le monde m'aime bien ?"

Une partie de la raison de la renommée d'Einstein est certainement le fait que son premier et plus célèbre succès - la théorie de la relativité de 1905 - semble être venue de nulle part, sans aucun résultat préalable. Comme Newton (mais contrairement à Charles Darwin), il n'y a pas eu de personnes célèbres et distingués dans sa famille. Il n'a pas particulièrement excellé à l'école ou à l'université (contrairement à Marie Curie) ; en fait, il n'a pas pu obtenir de poste à l'université après l'obtention de son diplôme. Il n'était pas membre de l'establishment scientifique et travaillait principalement par lui-même. En 1905, il travaillait comme simple agent de brevets, avec un nouveau-né. Le fait qu'il ait créé la théorie de la relativité représente un élan de génie apparent et soudain, qui intrigue inévitablement tout le monde.

Une autre raison de la renommée d'Einstein est qu'il était actif dans de nombreux domaines en dehors de la physique, en particulier la politique et la religion, y compris le sionisme. Il est connu à cet égard pour son opposition ouverte à l'Allemagne nazie depuis 1933, pour son soutien privé à la construction de la bombe atomique en 1939 et pour ses critiques publiques de la bombe à hydrogène et du maccarthysme dans les années 1950 (le FBI de J. Edgar Hoover a rapidement lancé une enquête secrète sur lui). En 1952, on lui proposa la présidence d'Israël. Il est clair que la vie turbulente d'Einstein et ses positions courageuses fascinent beaucoup de gens qui sont troublées par la relativité générale. Selon Bertrand Russell, "Einstein n'était pas seulement un grand scientifique, c'était un grand homme". Jacob Bronowski proposa que "Newton fût le dieu de l'Ancien Testament ; Einstein est la figure du Nouveau Testament... plein d'humanité, pitié, un sentiment d'énorme empathie".

Arthur C. Clarke a estimé qu'il s'agissait de "la combinaison unique du génie humaniste, pacifiste et de l'excentricité d'Einstein" qui l'a rendu accessible - et même adorable - à des dizaines de millions de personnes". Richard Dawkins se dit "indigne de porter les chaussures d'Einstein... Je partage volontiers sa magnifique magnificence sans Dieu".

Une telle combinaison de génie solitaire, d'intégrité personnelle et d'activisme public est rare parmi les intellectuels. Quand on ajoute le don d'Einstein à l'aphorisme spirituel quand il s'agit de la presse et du public, sa réputation unique ne semble plus aussi déroutante.

Après tout, qui n'aurait pas été fasciné par son résumé populaire de la relativité : *Une heure assis avec une jolie fille sur un banc de parc passe en une minute, mais une minute assis sur un fourneau chaud, c'est comme une heure".*

Et puis : "Pour me punir de mon mépris de l'autorité, le destin a fait de moi une autorité."

1.2 Que pouvons-nous apprendre d'Einstein ?

De temps en temps, un homme naît qui est capable de voir l'univers d'une nouvelle façon, dont la vision bouleverse les fondements mêmes du monde tel que nous le connaissons.

Avec ses idées toujours valables aujourd'hui, Albert Einstein avait 22 ans lorsqu'il a traversé seul à pieds les Alpes. Sur son chemin à travers les montagnes, il désirait ardemment saisir la conception cachée, les principes cachés de la nature. Dans tous les domaines de sa vie, Einstein chercherait l'harmonie, non seulement dans sa science mais dans le monde des hommes.

Le monde voulait connaître Albert Einstein et pourtant il restait un mystère pour ceux qui ne voyaient que son visage public, et peut-être même pour lui-même. Cependant, il existe des leçons de vie pratiques qui peuvent révéler la façon de penser et de formuler d'Einstein et que nous pouvons utiliser dans notre vie quotidienne.

Suivez votre curiosité

"Je n'ai pas de talent particulier. Je suis juste passionnément curieux". Ce que Einstein essaye de faire passer avec ce message, c'est que la curiosité est toujours au premier plan dans toutes les bases de sa vie.

On pourrait dire que nous sommes curieux, mais nous abandonnons souvent immédiatement lorsque nous devons surmonter des obstacles pour révéler et répondre aux points d'interrogation.

Suivez votre curiosité, quelle qu'elle soit. Elle sera de plus en plus profonde. C'est ce qui nous sépare de la médiocrité. Grâce à sa curiosité, Einstein a creusé dans des endroits où personne ne pensait auparavant que des miracles pouvaient se produire.

Continuez à creuser et répondez à toutes les questions tout au long du parcours. Vous serez étonné de voir comment la vie peut être extraordinaire lorsqu'elle est confrontée à une curiosité constante.

La persévérance n'a pas de prix

"Ce n'est pas que je suis si intelligent ; c'est juste que j'insiste sur les problèmes plus longtemps."

En plus d'Einstein, toutes les recherches effectuées précédemment (notamment sur les personnes de grand succès), montrent que c'est la persévérance qui les a conduits à faire des découvertes majeures.

On dit que chaque problème auquel vous pensez a au moins une solution. Si nous continuons à réfléchir au problème, à l'analyser et à le décomposer sous tous les angles, nous trouverons au moins une solution. Ainsi, tout ce à quoi vous pouvez penser peut toujours être résolu si votre caractère persiste assez longtemps. Ne renoncez jamais à vos problèmes non résolus.

Faire des erreurs

"Une personne qui n'a jamais fait d'erreur n'a jamais rien ressenti de nouveau".

Cela signifie que nous devons nous attaquer avec force aux peurs et à l'inconnu. Nous pouvons vouloir aller travailler à Milan, mais nous ne saurons jamais ce que cela fait de travailler à Milan pendant que nous sommes à Ancône.

Ayez le courage de découvrir et le courage de faire des erreurs. C'est ce qui sépare les gens de la réussite et de l'échec. Vous n'apprendrez jamais à vaincre vos faiblesses si vous n'osez pas essayer sans craindre de faire des erreurs.

Créez de la valeur

"Ne vous efforcez pas de réussir, mais plutôt d'avoir de la valeur" Beaucoup de gens interprètent mal le mot "succès". La réussite ne consiste pas seulement à être riche et à avoir une grande entreprise qui fonctionne parfaitement. Le succès consiste en tout ce qui a été mentionné jusqu'à présent, étape par étape, jusqu'à ce que nous soyons capables d'apprécier ces choses tandis que nous les créons et les soutenons.

Une personne de valeur inspire les autres à vivre de la bonne manière et à faire ce qui est juste. Vivez selon vos valeurs religieuses, philosophiques ou spirituelles. Une personne de valeur a une éthique, une morale, une décence, une intégrité, des principes et une honnêteté. Toutes ces choses que l'on doit s'efforcer de réaliser.

La connaissance vient de l'expérience

"L'information n'est pas la connaissance. La seule source de connaissance est l'expérience".

Lorsque nous voyons une personne capable et appropriée dans une situation donnée, nous concluons que celle-ci doit nécessairement avoir beaucoup d'expérience. Non pas parce qu'elle lit beaucoup et qu'elle dispose d'une grande bibliothèque à la maison, mais comme elle a déjà été dans de nombreuses situations similaires et a maintenant une connaissance vaste et profonde du domaine.

Nous devrions essayer de faire des erreurs et d'acquérir de l'expérience sur la façon de "ne pas" traiter un problème particulier. C'est ainsi que se forme l'expérience.

Apprenez les règles et jouez mieux

"Vous devez apprendre les règles du jeu. Et puis jouer mieux que quiconque".

On nous enseigne les règles du jeu toute notre vie. Que nous le voulions ou non, nous apprenons à jouer selon ces règles. Si nous apprenons à préserver, à persister et à acquérir plus d'expérience que les autres, nous aurons toujours une longueur d'avance sur tous les autres. Cela ne signifie pas que vous devez agir comme tout le monde ou faire les mêmes choses que les autres personnes qui ont réussi. Une fois que vous avez bien compris les règles du jeu vous serez en mesure de mieux jouer, contester les règles du jeu ou les modifier.

L'imagination est puissante

"L'imagination est tout. C'est un aperçu des prochaines attractions de la vie. L'Imagination est encore plus importante que la connaissance".

Bien que nous ayons clarifié le terme de connaissance et d'expérience, l'imagination est quelque chose de similaire au monde en 3D dans nos têtes.

Je crois fermement que l'imagination vient de la connaissance, de l'expérience et surtout de la lecture. En lisant les choses qui concernent notre domaine, il n'y a rien que nous ne pouvons pas imaginer et faire pour atteindre nos objectifs dans ce domaine. Le pouvoir d'imaginer est le pouvoir de formuler une image claire de la façon dont votre avenir va se développer.

1.3 Le secret pour apprendre quoi que ce soit.

En 1905, à l'âge de 26 ans, Albert Einstein a vécu ce que nous appelons aujourd'hui son Année des Miracles. Il a publié trois articles académiques qui ont complètement transformé le domaine de la physique. Beaucoup de gens attribuent la percée créative d'Einstein à un mélange de son génie excentrique et de ses rêveries (l'une de ses plus célèbres consistait à visualiser ce qui aurait pu se passer s'il avait chassé un rayon de lumière).

Mais la véritable histoire de la créativité d'Einstein est beaucoup plus intéressante et instructive. Ce n'est pas l'histoire d'un génie qui fait quelque chose que nous ne pourrions jamais faire. C'est l'histoire de quelqu'un qui utilise une série de stratégies que chacun peut reproduire pour faire des découvertes créatives incroyables. Ces stratégies sont cachées en belle vue des plus grands scientifiques et inventeurs de l'histoire.

Bien entendu, les chances qu'une personne lisant ce livre découvre la prochaine théorie de la relativité sont minuscules. Même Einstein n'a pas été capable de reproduire sa propre découverte plus tard dans sa carrière. Toutefois, cela n'efface pas le fait que l'utilisation des stratégies de la créativité d'Einstein peut nous rendre considérablement plus efficaces et fructueux, autant dans notre travail que dans la vie privée.

Einstein n'est pas celui que l'histoire nous dit qu'il était. Avant qu'il n'entame son année miraculeuse, le dernière mot qu'un observateur extérieur aurait associé à Einstein était "génie". Comme nous avons vu son directeur lui dit qu'il n'aurait jamais rien obtenu.

Il a quitté l'école secondaire à l’âge de 15 ans (et a dû ensuite terminer sa dernière année d'études secondaires ailleurs avant d'être admis à l'université). Il était l'un des rares élèves de sa classe à ne pas trouver de travail après l'obtention du diplôme.

Il est donc rentré chez lui et après quelques mois à la recherche d'un emploi, il a commencé à perdre l'espoir.

Dans un acte de désespoir, son père a écrit une lettre à un professeur respecté presque en appelant à l'aide :

"S'il vous plait, veuillez pardonner à un père qui a l'audace de se tourner vers vous, cher professeur, dans l'intérêt de son fils... Tous ceux qui sont en mesure de juger l'affaire peuvent l'assurer qu'il est extraordinairement studieux et diligent et s'accroche avec beaucoup d'amour à sa science...Il est accablé à l'idée d'être un fardeau pour nous, des gens à moyens modestes..."

Le professeur, malheureusement, n'a pas répondu ; mais quatre ans plus tard, Einstein a eu son année miraculeuse.

Imaginez un diplômé d'université qui vit toujours chez ses parents et qui n'arrive pas du tout à s'installer. Imaginez donc que tout un domaine de la physique se transforme en quelques années plus tard par cette personne. Vous conviendrez que c'est rare.

La question se pose donc de savoir en quoi un tel "perdant" fait partie des histoires significative dans le domaine de la physique ? Pour répondre à cette question, nous devons nous rendre compte que tandis que tout ce que nous venons de dire est vrai, ce n'est qu'une partie de l'histoire. Einstein n'a pas commencé à avoir du succès du jour au lendemain. Quand on raconte la version officielle de l'histoire de Einstein, nous simplifions le tout jusqu'à ce que ça devienne ridicule. On pourrait croire qu'Einstein se soit assis à son bureau, rêvant de ses grandes idées.

Les vérités peu connues sur Einstein sont doubles : dès son plus jeune âge, Einstein a eu un tutorat individuel en mathématiques. Bien qu'il ait fait preuve d'une grande passion et d'un grand talent pour la matière, il était très mauvais à l'école. De plus, Einstein a délibérément formé son imagination visuelle pendant 10 ans avant son année miracle.

Au cours de sa carrière, il a indiqué sa *fantaisie*, et non pas sa pensée rationnelle, comme le secret de son impact créatif. "Quand je m'examine moi et mes méthodes de pensée, J'en arrive à la conclusion que le don de la fantaisie a signifié plus pour moi que mon talent dans l'absorption des connaissances", a expliqué Einstein plus tard dans sa carrière. Il a ajouté : "Je n'ai jamais découvert aucune de mes découvertes par la pensée rationnelle".

"La logique vous mènera de A à B. L'imagination vous emmènera partout". - Einstein

Donc, comment a fait exactement Einstein à se visualiser comme un génie ? Et comment pouvons-nous développer cette capacité en nous ? Regardons ce qu'a fait Einstein :

10 000 heures de formation sur la simulation mentale.

"Le jeu et la fantaisie spontanées semblent être les caractéristiques essentielles de la pensée productive".

L'école qu'Einstein a fréquentée après son expulsion était une école d'avant-garde qui mettait l'accent sur la pensée visuelle. C'est là qu'il commença à visualiser le fonctionnement de la lumière dans des conditions différentes.

À l'âge de seize ans, Einstein a commencé à mener des expériences de réflexion sur les rayons lumineux.

Ces expériences de pensée étaient des exercices mentaux qui ont aidé Einstein à apprécier les propriétés de la lumière et aussi de remarquer les anomalies et les incohérences. Einstein a imaginé différentes conditions et possibilités, en poursuivant ces spéculations pendant dix ans.

Le jeune Einstein a étudié en profondeur ce que les scientifiques modernes appelleraient les expériences de pensée : voir et sentir une situation physique de manière presque tangible, manipuler ses éléments, observer ses changements - tout cela imaginé dans son propre esprit

En menant ces visualisations, Einstein a vu un conflit entre son intuition et les équations de Maxwell, qui à l'époque formaient la théorie de fonctionnement dominante de l'électromagnétisme.

Selon un article de son biographe dans le New York Times, la tension vécue par Einstein à cause de ce conflit lui a fait transpirer les paumes des mains.

Après avoir été diplômé de l'ETH Zurich et avoir passé plusieurs mois à postuler pour un emploi sans succès à des postes académiques dans toute l'Europe, Einstein a finalement été accepté à faire un travail humble en tant qu'employé de brevets en Suisse, où il a travaillé pendant quatre ans.

Mais il n'a pas perdu ce temps. Dans le même article du New York Times, le biographe d'Einstein décrit comment ce dernier a commencé à mener des expériences de réflexion sur la relation entre la lumière et le temps :

"Chaque jour, il essayait de visualiser comme une invention, et ses prémisses théoriques ci-dessous auraient fonctionné dans la réalité. Parmi ses tâches figurait l'examen des demandes pour les dispositifs utilisés pour synchroniser des montres distantes. Les Suisses (etant Suisses) avaient la passion de veiller à ce que les montres dans tout le pays soient parfaitement synchronisées... Plus de deux douzaines de brevets ont été délivrés par le bureau d'Einstein entre 1901 et 1904 pour les appareils qui utilisaient des signaux électromagnétiques tels que la radio et la lumière pour synchroniser les horloges".

En apprenant l'histoire d'Einstein, nous nous éloignons de l'idée de la réussite comme "éclair de génie" qui arrive du jour au lendemain et de la fiction d'Eureka, et on trouve à la place une compétence et une habitude acquise qu'Einstein a pratiqué et développée au fil du temps.

Si Einstein eu été le seul à l'avoir fait, on pourrait lui attribuer l'habitude de la simulation mentale à une bizarrerie personnelle. Mais en approfondissant, nous nous rendons compte du nombre des plus grands inventeurs et scientifiques de l'histoire qui ont passé des années à pratiquer délibérément la simulation mentale avec des modèles intellectuels (par exemple le laboratoire de l'esprit et la création de concepts scientifiques). Grâce à certaines de ces histoires, nous pouvons obtenir des idées créatives sur la façon d'intégrer la simulation mentale dans nos vies.

Les grands utilisent la simulation mentale

La manière la plus courante dont les scientifiques et les inventeurs utilisent la simulation mentale est de façonner leur art dans leur esprit. Voici un exemple de cette approche de l'autobiographie d'un des plus grands inventeurs de l'histoire, Nikola Tesla.

Dès son plus jeune âge, Tesla a développé une aptitude à évoquer dans son esprit des personnes, des sociétés et des mondes imaginaires. Dans son autobiographie, il décrit comment il a passé des heures chaque nuit à voyager avec son propre esprit, rencontrer des gens, voire de nouvelles villes et de nouveaux pays, faire des amitiés. A 17 ans, il avait tellement pratiqué l'art de la simulation mentale qu'il a trouvé facile de transformer cette compétence en un outil pour ses inventions.

"Quand j'ai une idée, je commence immédiatement à la construire dans mon imagination. Je façonne, j'améliore et j'utilise mon esprit comme un appareil. Pour moi, c'est absolument insignifiant que je fasse tourner ma turbine dans ma réflexion ou que je la teste dans mon magasin. Je peux dire si elle est déséquilibrée de toute façon".

Il n'y a aucune différence, les résultats sont les mêmes. L'esprit humain ne remarque pas la différence entre ce qui est réel et ce qui est imaginé. Ainsi les génies de l'histoire, dont Einstein et Tesla, ont pu rapidement développer et affiner un concept sans toucher à quoi que ce soit.

"Quand j'en suis venu à incarner dans l'invention, chaque amélioration possible à laquelle j'arrive à penser et que je ne vois aucun défaut nulle part, je mets en forme concrète ce produit final de mon cerveau. Invariablement, mon appareil fonctionne comme je l'ai imaginé et l'expérience se déroule exactement comme je l'ai planifié. En 20 ans, il n'y a pas eu une seule exception".

Une autre approche moins courante, mais intéressante dans le cas de la simulation, est celle de construire un modèle d'autres personnes dans votre tête pour apprendre plus efficacement, et développer vos capacités mentales. La science montre que ceux qui ont de meilleures capacités de simulation mentale sont en mesure de mieux prévoir la réaction des autres dans certaines situations. C'est comme une version réelle du film Next, dans lequel le personnage de Nicholas Cage peut voir ce qui se passera dans deux minutes dans le futur. Avant d'approcher une femme qu'il souhaite rencontrer dans un dîner, il passe en revue toutes les différentes approches qu'il pourrait utiliser jusqu'à ce qu'il ne trouve ce qui va réussir. D'une certaine manière, nous avons tous cette capacité.

Cette capacité est pertinente pour les vendeurs qui veulent anticiper les réactions d'un client.

C'est important pour un parent qui veut faire faire quelque chose à son enfant. C'est pertinent pour tout artiste qui souhaite savoir comment son acte créatif sera perçu. Il est pertinent pour un entrepreneur qui veut anticiper les besoins d'un client.

Cette capacité augmente également nos ressources de résolution de problèmes nous permettant de puiser dans la sagesse de nos idoles. Quand vous lisez, vous regardez et écoutez vos idoles, comme Bill Gates, Warren Buffet, Elon Musk, Jeff Bezos, Charlie Munger et Ray Dalio, vous n'obtenez pas seulement leur sagesse instantanée. Vous obtenez également un modèle mental grâce auquel vous pouvez interagir et obtenir de nouvelles informations.

Lors d'une conversation avec des étudiants de la Stanford Graduate School of Business, l'entrepreneur milliardaire Reneur et l'investisseur Marc Andreessen partagent que l'une de leurs "astuces" dans la vie est d'utiliser les modèles mentaux des entrepreneurs de la Silicon Valley qu'ils admirent (Peter Thiel, Elon Musk, Larry Page), avec qui ils interagissent lorsqu'ils prennent des décisions.

En conclusion : nous sommes tous nés avec une incroyable capacité à simuler la réalité en utilisant les modèles mentaux (cependant, nous la gaspillons souvent).

L'esprit n'est pas un dispositif logique ou probabiliste, mais plutôt un dispositif qui effectue des simulations mentales. Dans la mesure où les hommes raisonnent logiquement ou déduisent les probabilités, ils s'appuient sur leur capacité à simuler le monde en des modèles mentaux. Cette idée a été proposée pour la première fois il y a une génération. Depuis, ses partisans et ses critiques l'ont revue et étendue à des centaines de publications.

Nous vivons dans une époque qui récompense la rationalité et la logique comme les formes les plus élevées de l'intelligence. Au cours des dernières décennies, des centaines de préjugés cognitifs ont été identifiés qui montrent à quel point notre intuition peut être irrationnelle.

Oui, les préjugés cognitifs sont importants. Oui, la rationalité est fondamentale. Mais aussi l'imagination et l'intuition le sont ! Cela nous rappelle que nous ne devons pas négliger les capacités miraculeuses de notre cerveau. Et nous devrions former notre intuition - en apprenant les modèles mentaux les plus précieux.

Car si l'on examine en profondeur plusieurs des plus grandes découvertes de notre société, avant qu'elles ne soient logiquement prouvés, ont été précédés par de nombreuses années de vols sauvages de fantaisie. Cela s'est toujours produit, avant que l'inventeur n'ait l' "éclair de génie" pour lequel il est devenu célèbre.

L'esprit humain est le système le plus compliqué, le plus élégant et le plus étonnant du monde. Cependant, on ne nous apprend jamais comment l'utiliser au mieux de ses capacités. Il y a un vieux dicton qui dit que nous n'utilisons que 10 % de notre cerveau. Il a été prouvé que cela est faux au sens littéral du terme : ce n'est pas que 90% de notre matière grise dorme. Mais cela peut être vrai dans le sens métaphorique. Nous avons beaucoup plus de pouvoir que ce que nous nous attribuons.

Disons que vous cherchez un moyen de construire un modèle de la façon dont quelqu'un d'autre pense, et être capable d'être objectif et juste - ainsi que de voir les choses de son point de vue. Et pourtant, vous avez votre propre opinion sur le sujet. Alors vous essayez d'identifier tout ce que vous savez sur la personne et dites "ok, voici la conclusion que la personne X aurait atteint". Si vous consacrez suffisamment de temps à ce processus, vous commencerez à être en mesure d'avoir ces conversations avec vous-même.

Comment utiliser la technique d'Einstein

Que vous soyez un employé, un programmeur, un investisseur, un consultant, un designer, un manager ou un entrepreneur, vous avez déjà un modèle de fonctionnement de votre domaine, même si vos connaissances du sujet ne sont pas très étendues.

L'astuce consiste maintenant à le transformer en un modèle conscient, puis à l'améliorer délibérément.

Vous pouvez le faire avec la technique d'Einstein, en quelques étapes simples :

1. Construisez consciemment un modèle mental du fonctionnement de votre domaine.

2. Testez le modèle mental dans votre esprit en stimulant mentalement différents scénarios.

3. Testez la précision de votre modèle mental dans le monde réel.

Répétez les étapes 1-3 avec les leçons tirées des étapes 2 et 3.

Décomposons maintenant chacune de ces étapes :

Étape 1 : Construisez un modèle mental du fonctionnement de votre domaine.

Pour construire un modèle général, je vous propose d'apprendre les modèles mentaux les plus importants pour votre camp. D'une certaine manière, la tâche principale de chaque personne est de construire un modèle de son métier et le maîtriser dans sa propre tête avant de le dominer dans la réalité.

- Un mécanicien a un modèle mental d'une voiture.
- Un architecte a un modèle mental d'un bâtiment.
- Un économiste a un modèle mental d'une économie.
- Un chauffeur de taxi a un modèle mental des rues de la ville.

Étape 2 : Testez le modèle mental dans votre esprit, en stimulant mentalement les différents scénarios.

La simulation mentale est si puissante parce qu'elle réduit le coût de l'expérimentation, vous permettant ainsi d'augmenter le nombre d'expériences que vous pouvez réaliser.

Par exemple, en fonction de notre profession, il est possible de simuler :

- Comment un public réagira à une peinture, un article, une vidéo, un podcast ou tout autre acte créatif sur lequel nous travaillons.
- Comment un utilisateur réagit-il à un changement d'interface ou à l'ajout d'une fonctionnalité du produit.
- Comment un client potentiel réagira à un message de marketing ou de vente.
- Comment un investisseur réagira à une certaine présentation.
- Comment un adversaire sportif réagit à nos mouvements.
- Comment se dérouleras une décision stratégique dans l'avenir.

Étape 3 : Testez la précision de votre modèle mental dans le monde réel.

Des génies comme Edison, Bezos et Zuckerberg, suivent la règle des 10 000 expériences. À long terme, les personnes et les organisations qui font le plus d'expériences ont le plus de chances d'avoir plus de succès. Ce n'est pas un hasard si les plus grandes entreprises du monde sont aussi les plus grands expérimentateurs et que Jeff Bezos dit : "Notre succès sur Amazon est fonction du nombre d'expériences que nous faisons chaque année, par mois, par semaine, par jour".

Étape 4 : Répétez les étapes 1 à 3 avec les enseignements tirés des étapes 2 et 3.

Lorsque nous simulons des scénarios dans notre esprit, nous avons immédiatement un instinct subtil sur ce qui va se passer et une émotion qui nous dit "quelque chose ne va pas" ou "c'est parfait".

Lorsque nous faisons des expériences dans le monde réel, nous obtenons un retour d'information qualitatif et quantitatif.

2. Comment mieux lire, apprendre et se concentrer

2.1 Comment apprendre à lire plus vite et plus efficacement

La lecture est une compétence que nous apprenons dès le plus jeune âge et qui devient une compétence intrinsèque bien que nous ne nous souvenons probablement pas du tout comment l'avoir apprise. Mais lire rapidement, c'est une autre histoire. Apprendre à lire plus vite peut apporter d'énormes avantages d'importance fondamentale pour vous et votre vie.

Presque toutes les facettes de notre vie se recoupent avec une forme de lecture. Nous lisons les panneaux de signalisation pour savoir comment conduire nos véhicules sur les routes. Nous lisons les calendriers sur nos téléphones pour suivre nos agendas. Nous lisons les courriels au travail pour nous tenir au courant des projets et des réunions.

La lecture fait partie intégrante de la vie et découvrir comment lire plus vite et de manière plus efficace peut être une compétence qui vous permettra de traverser tous les aspects de votre vie.

Voici les principales recommandations pour augmenter votre vitesse de lecture :

- Ne subvocalisez pas quand vous lisez
- Prévisualisez ce que vous allez lire
- Suivez vos progrès en matière de lecture
- Sautez les petits mots quand vous lisez

Les précieux avantages d'un apprentissage plus rapide de la lecture

L'adulte moyen lit à une vitesse de 300 mots par minute. Vous pouvez faire différents tests de lecture et compréhension en ligne pour tester vos compétences actuelles si vous voulez découvrir votre vitesse exprimée en mots lus par minute.

Selon un test de lecture rapide, c'est le nombre de mots par minute que les gens lisent en moyenne :

- Élèves de CE2 - 150 mpm (mots par minute)
- Élèves de 3éme- 250 mpm
- Adultes - 300 mpm
- Étudiants universitaires - 450 mpm
- Gestionnaires - 575 mpm
- Professeurs d'université - 675 mpm

Où êtes-vous dans ce spectre ?

Bien entendu, vous tirez de nombreux avantages à apprendre à lire plus rapidement et de manière plus efficace. Cependant, en plus de pouvoir naviguer plus efficacement sur Netflix, de quels autres avantages pouvez-vous bénéficier de compétences de lecture et de compréhension plus rapides ?

1. Apprendre à lire plus vite améliore votre mémoire

Lire rapidement, ce n'est pas seulement feuilleter la page. Il s'agit également de préserver mieux les informations que votre cerveau traite. Le cerveau est un muscle : plus vous l'utilisez, plus il devient fort. Les parties du cerveau qui s'allument lorsque nous lisons sont étroitement associées aux parties du cerveau qui traitent la mémoire. Plus vos compétences en lecture sont fortes, plus votre mémoire est bonne !

2. Apprendre à lire plus vite améliore votre concentration.

L'une des raisons pour lesquelles les gens ont des difficultés à lire est le manque de concentration. Surtout aujourd'hui, avec l'intégration de la technologie numérique dans tous les aspects de notre vie, il est plus difficile que jamais de se consacrer à une seule tâche.

Soyons réalistes : nous sommes facilement distraits ! Ce n'est pas un problème, car nous pouvons apprendre à requalifier nos esprits et concentrer notre énergie en apprenant à lire plus rapidement.

3. Apprendre à lire plus vite, c'est gagner du temps

C'est peut-être évident, mais c'est aussi l'un des avantages les plus intéressants de l'apprendre à lire plus vite. En un mot : la lecture rapide nous fait gagner beaucoup de temps !

Si vous pouviez lire un e-mail, un document ou une lettre en deux fois moins de temps normalement employé, vous pourriez utiliser le temps gagné pour faire autre chose. Votre productivité va doubler et vous obtiendrez plus en moins de temps.

Apprendre à lire plus vite nous rend plus efficaces.

Il y a peu de doutes qu'apprendre à lire plus vite nous sera bénéfique dans différentes manières d'exercer une influence, mais comment apprendre ? Y a-t-il un bouton magique sur lequel vous pouvez appuyer et que vous avez en quelque sorte négligé jusqu'à présent ?

Apprendre à lire plus vite est une compétence, ce qui signifie que c'est quelque chose qui peut être enseigné, pratiqué et amélioré. Vous pouvez améliorer le rythme de lecture en utilisant certains de ces conseils pratiques.

Voici donc comment lire plus vite et mémoriser davantage.

1. *Ne sous-vocalisez pas en lisant*

La sous-vocalisation est l'acte de prononcer silencieusement chaque mot dans votre tête tout en lisant. C'est quelque chose que beaucoup de gens font inconsciemment lorsqu'ils lisent, mais croyez-moi : si vous voulez apprendre à lire plus vite, vous allez devoir tuer cette habitude.

La sous-vocalisation ne fera qu'entraver votre vitesse de lecture et vous détourner du sens intrinsèque du texte. La prochaine fois que vous lirez, voyez si vous pouvez localiser votre sous - vocalisation. Plus vous serez conscient de cette habitude, plus il vous sera facile d'y mettre fin.

Une astuce qui peut vous aider est de vous concentrer sur un mot de la page et de le fixer silencieusement pendant aussi longtemps que vous le pouvez. Au début, il y aura sûrement une forme de sous-vocalisation, mais voyez si vous pouvez vous arrêter et attendre que cela diminue. À terme, vous serez en mesure de voir le mot sans le dire à haute voix dans votre tête.

Pratiquez cet exercice la prochaine fois que vous ferez la queue pour un rendez-vous ou que vous serez dans le bus. Vous allez perdre cette mauvaise habitude en un rien de temps !

2. Aperçu de ce que vous allez lire

Il est plus stimulant de comprendre ce que vous lisez lorsque vous avez déjà une idée de quoi il s'agit.

Avant de commencer à lire quelque chose, surtout si c'est un texte difficile, lisez d'abord l'aperçu ou le résumé du document. Que lisez-vous ? Qui l'a écrit et pourquoi ? Que pensez-vous trouver dans ce texte ?

3. Suivez vos progrès en matière de lecture

Vous ne saurez pas si vous vous êtes amélioré si vous ne savez pas où vous avez commencé. Passez un petit test de vitesse et compréhension pour savoir quelle est votre vitesse de lecture de base.

À partir de là, vous aurez une meilleure idée de la manière dont vous pouvez vous améliorer et de ce que vous pouvez faire. Pratiquez la lecture et voyez si vous pouvez accélérer le rythme.

N'oubliez pas de vous donner le temps de développer cette compétence. Après tout, c'est une compétence !

Dans une semaine ou deux, vérifiez à nouveau votre vitesse de lecture (assurez-vous que ce soit le même test, pour des résultats cohérents).

Sachez que les lecteurs les plus rapides au monde lisent plus de 1000 mots par minute, donc même si votre vitesse est supérieure à celle de la population moyenne, il y a toujours une grande marge d'amélioration.

4. Sauter les petits mots à la lecture

Pour être clair, sauter les petits mots n'est pas exactement la même chose que sauter ce que vous lisez. L'écrémage est une grande compétence à cultiver, car il peut être immensément utile dans certaines circonstances. Cependant, apprendre à comprendre et à préserver intégralement ce que vous lisez à un rythme rapide est encore plus bénéfique.

Apprendre à lire plus vite, c'est éliminer les petits mots inutiles qui remplissent une page. Ces mots ont certainement leur place, bien sûr, et nous avons besoin d'eux pour construire des phrases et des idées ! Cependant, lorsque nous essayons de lire rapidement, on peut souvent sauter ces mots sans effets négatifs : "si", "est", "a", "le", "et".

Utilisez ces conseils de lecture rapide pour vous aider non seulement à apprendre à lire plus rapidement, mais aussi pour mémoriser davantage !

N'oubliez pas qu'apprendre à lire plus vite et plus efficacement nous permet d'être plus productifs.

Il existe plusieurs manières d'augmenter votre vitesse de lecture. Si vous êtes intéressé par les ressources externes, il existe des cours de lecture en ligne qui vous aident à apprendre à lire plus vite, et certaines applications avec des programmes de lecture conçus pour augmenter votre vitesse.

Lorsque nous pouvons faire plus en moins de temps, nous augmentons notre productivité - et c'est une chose dont nous pouvons tous bénéficier.

De plus, lorsque nous maîtrisons la capacité de lire rapidement, nous renforçons notre esprit. Nous devenons plus concentrés, plus alertes et plus conscients. Nous augmentons nos connaissances et notre vocabulaire. Nous sommes plus confiants dans notre capacité à traiter et à comprendre des idées nouvelles et passionnantes.

2.2 Comment progresser en fonction de son style d'apprentissage

Au fur et à mesure que vous développez vos habitudes d'étude, il est important de comprendre quel type d'étudiant vous êtes pour pouvoir travailler vos techniques d'apprentissage. Après tout, si vous pouvez identifier les techniques qui favorisent vos points forts, vos chances de vous souvenir des informations et d'apprendre des choses pertinentes augmentent de manière significative.

Il existe trois types de styles d'apprentissage : visuel, auditif et kinesthésique. Si vous n'êtes pas sûr de quel genre d'étudiant vous êtes, sachez qu'il existe plusieurs tests disponibles en ligne pour le savoir. Une fois que vous connaissez votre style, vous trouverez plusieurs suggestions pour vous aider en fonction de votre style d'apprentissage le plus adapté à vous.

Style visuel

Prenez des notes en classe : les élèves visuels ont des difficultés à se souvenir de chaque mot que dit le professeur. C'est pourquoi il est important de prendre des notes pendant les cours. Veillez d'écrire également ce qui est écrit au tableau. Une fois que vous avez terminé la leçon, relisez et réécrivez vos notes car ce processus de lecture et de visualisation des mots vous aidera pour les mémoriser.

Soulignez le matériel, avec des couleurs différentes selon votre logique personnelle. Ce processus est particulièrement utile pour ceux qui apprennent le mieux par la vue, car la réflexion par le biais du matériel d'étude vous aidera à créer un modèle visuel facile à comprendre et à s'en souvenir pour les examens. Les surligneurs multicolores sont les meilleurs amis visuels des élèves parce que vous vous souviendrez de ce que vous avez lu grâce aux couleurs du papier. Attribuez une couleur à chaque valeur que vous devrez rappeler, alors utilisez les couleurs appropriées en lisant un certain livre, les matériels des leçons et des notes. Par exemple, soulignez le problème en jaune ; la règle en vert, et ainsi de suite.

Style audio

Votre première priorité en tant qu'audiologue est de prêter attention aux leçons étant donné que l'écoute est la façon dont vous allez stocker les informations. En outre, vous bénéficierez également de la leçon sur votre smartphone. Prenez donc le temps d'écouter les enregistrements après les leçons et prenez des notes pendant que vous écoutez les informations (n'oubliez pas de demander au professeur s'il accepte d'être enregistré).

Répétez à voix haute : si vous êtes un étudiant en audiologie, vous vous retrouvez probablement à parler à voix haute même si vous ne vous en rendez pas compte. C'est comme si vous vous entendiez - littéralement - penser. Lorsque vous étudiez avec des exemples de questions à développement, lisez les questions et les réponses à voix haute. N'oubliez pas que vous devez écrire les réponses sur papier au fur et à mesure que vous les prononcez, car vos examens ne sont pas tous oraux.

L'association de mots est un excellent moyen pour les audiologues d'étudier et de se souvenir des faits. Les dispositifs mnémoniques, comme les chansons ou les rimes vous correspondent parfaitement. Votre cerveau se souviendra automatiquement de la chanson et des informations qu'elle représente.

Style kinesthésie

Créer des organigrammes : comme les étudiants qui fonctionnent par kinesthésie apprennent mieux en faisant et en expérimentant, la construction d'une structure de notes vous aidera à comprendre les informations et reconnaître facilement les schémas. Créez des organigrammes et des graphiques visuels lorsque vous réécrivez des notes et des remarques. Par exemple, utilisez des Post-it de couleurs différentes pour créer des organigrammes sur des tableaux et des murs vierges. L'acte de création de l'organigramme vous aidera à conserver les informations.

Combinez une activité avec l'étude : les kinesthésiques retiennent mieux les informations lorsqu'ils exercent des activités. Essayez de faire une promenade ou de vous entraîner dans le gymnase tout en écoutant des enregistrements audios de leçons et de notes.

Une autre façon d'améliorer votre apprentissage est d'utiliser vos doigts. Pour les occuper, par exemple, soulignez des mots et réécrivez des phrases pour apprendre les faits marquants. Taper les notes et utiliser l'ordinateur est un autre excellent moyen de renforcer l'apprentissage par le sens du toucher.

En perfectionnant ces techniques dès maintenant, vous pourrez non seulement comprendre le matériel à l'école ou à l'université, mais il vous préparera également à l'examen. Que vous soyez un t visuel, auditif ou kinesthésique, essayez s-unes des suggestions d'étude pour voir laquelle fonctionne le mieux pour vous.

2.3 Comment se concentrer et avoir l'esprit clair et net

Peu importe ce que vous voulez accomplir dans votre vie, que ce soit d'importants projets, de grands objectifs ou des petites tâches que vous voulez accomplir, pour être productif vous devez avoir l'esprit clair et concis. Les gens tombent souvent dans le piège de la frénésie et remettent à plus tard parce qu'ils n'ont pas l'esprit clair. Avec tous les stimuli qu'ils reçoivent, ils ne peuvent pas trouver la concentration nécessaire pour faire leur travail avec concentration.

Alors pourquoi voulons-nous avoir l'esprit clair pour mieux nous concentrer ? C'est vraiment aussi important que ça ?

En bref, la réponse est oui. Le flux ("flow"), appelé familièrement concentration, est un état mental dans lequel une personne exerçant une activité est complètement immergée dans un sentiment de concentration énergétique, avec une pleine participation et un réel plaisir du processus de l'activité. Lorsque vous êtes dans un état de flux, votre capacité à vous concentrer sur la tâche à accomplir augmente énormément, votre action devient fluide, vous savez ce qu'il faut faire et vous le faites automatiquement sans qu'il soit nécessaire de penser consciemment.

Être dans un état de flux est l'un des moments les plus puissants et les plus créatifs que vous puissiez vivre lorsque vous faites votre travail. Il se trouve que vous avez déjà été dans un état de flux avant et vous savez exactement ce qu'il faut faire et puis vous le faites instinctivement, en une fraction de seconde, et vous ressentez la joie et la réalisation parce que vous avez fait le travail parfaitement.

Si vous pratiquez un sport, quel qu'il soit, vous savez que de temps en temps une opportunité se présente. Ce moment où, soudainement, juste pour une fraction de seconde, se présente une opportunité à ne pas manquer et vous pouvez faire un pas de plus.

L'adrénaline se propage instantanément dans votre corps, le temps ralentit, les bruits de fonds disparaissent et vous pouvez clairement voir votre prochain mouvement. Vous pouvez simplement le sentir. Et l'instant suivant se produit instinctivement. Votre corps bouge comme une foudre. Vous saisissez votre opportunité. Tapez dans le ballon. Dribblez la défense. Tirez droit au but.

À ce moment-là, vous êtes dans un état de flux. Cependant, il est difficile d'atteindre l'état de flux quand vous êtes distrait par un millier de stimuli différents. Souvent, il vous sera extrêmement difficile d'avoir un esprit vif et clair qui vous permette de vous concentrer entièrement sur ce que vous faites. C'est le moment où vous devriez faire quelque chose pour vous vider l'esprit, produire l'état de flux et augmenter votre concentration. Mais que faire quand on se sent dépassé, stressé, sans direction et que vous avez du mal à vous concentrer sur vos devoirs parce que vous avez l'esprit encombré ?

Restez seul pendant un certain temps

Lorsque votre esprit est encombré et que vous avez du mal à vous concentrer, éloignez-vous de tout. Restez seul et dans un endroit calme. Certaines études ont découvert que le fait d'être seul peut augmenter la productivité et permet aux muscles du cerveau de se détendre et de récupérer.

Dans notre vie quotidienne, nous ne nous rendons souvent pas compte que les activités que nous faisons dans notre vie de tous les jours comme les déplacements quotidiens, les distractions, les gens, l'environnement, les routines et même les choses que nous consommons ont un impact sur notre vie. Si nous ne gérons pas ces activités de manière saine et judicieuse, elles peuvent finir par nous briser.

Nous nous sentirons alors malades, déprimés, sans énergie, et nous aurons l'impression que notre inspiration et motivation sont affectés.

C'est pourquoi nous devons faire quelque chose pour rétablir notre santé mentale, en restant un peu seul. De grands scientifiques, dont Albert Einstein, ont fait leurs découvertes les plus importantes en période de solitude. Einstein, par exemple, a pensé la théorie de la relativité quand il se tenait à la gare pour regarder passer les trains à côté de lui. Il était dans la solitude.

De plus, Isaac Newton a découvert la gravité en voyant une pomme tomber de l'arbre de son jardin. Il était dans un état de solitude lorsque la pensée du principe de gravité l'as frappé. Prévoyez donc un moment pour être seul. Reposez-vous. Dépensez un peu de temps seul pour mieux vous comprendre.

Engagez-vous à des activités physiques

Voici un autre bon conseil pour vous vider l'esprit et mieux vous concentrer sur ce que vous faites : pratiquez des activités physiques comme une marche rapide, aller à la salle de sport ou faîtes de la course à pied. La science a découvert que l'exercice physique est un excellent moyen de se débarrasser du stress dans nos corps. Cependant, trouver la motivation d'aller au gymnase ou de courir pourrait être le plus grand obstacle à surmonter.

En moyenne, nous sommes assis 9,3 heures par jour, ce qui est beaucoup plus que les 7,7 heures que nous passons à dormir.

S'asseoir est une action tellement normale qu'on ne se demande même pas à quel point on le fait.

Ainsi, s'asseoir est devenu l'opium de la nouvelle génération. Ainsi, si votre travail vous oblige à rester assis pendant de longues heures, assurez-vous de trouver le temps de faire un peu d'exercice.

Ne restez pas assis longtemps sans bouger. Steve Jobs était connu pour son habitude de marcher souvent ; pendant ses promenades, il trouvait des solutions créatives à des problèmes qui semblaient insolubles.

Par conséquent, entreprenez des activités physiques pour accroître votre créativité, votre productivité et même pour libérer votre esprit pour une meilleure concentration. De temps en temps, levez-vous, allongez les muscles et n'oubliez pas de faire du sport régulièrement.

Les personnes qui réussissent le mieux font de l'exercice physique avant de commencer la journée professionnelle. Si les personnes qui réussissent le mieux croient que l'exercice est important et qu'ils passent du temps à le faire même lorsqu'ils ont un horaire quotidien intense, ne pensez-vous pas que nous aussi nous devrions faire de l'exercice ?

Faites quelque chose de totalement différent

Une façon intelligente de promouvoir un esprit clair est de faire autre chose qui n'as aucun lien avec votre activité principale. Lorsque vous vous sentez bloqué et que vous n'arrivez pas à conclure quoi que ce soit, ce que vous devez faire, c'est vous éloigner de la situation, de l'esprit encombré.

Archimède a découvert le principe de la flottabilité en prenant un bain. Quand vous vous laissez aller, laissez votre esprit travailler sur le problème à un niveau subconscient. Lorsque vous vous sentez bloqué et que vous n'arrivez à rien, arrêtez-vous et faites autre chose. C'est un grand moyen de vous déconnecter du problème ou de la situation difficile dans laquelle vous vous trouvez.

Parlez à quelqu'un de positif

C'est ce que beaucoup de gens choisissent de faire lorsqu'ils se sentent coincés. Le problème par contre c'est que la plupart d'entre eux choisissent de parler à la mauvaise personne. Ils choisissent de parler à quelqu'un qui ne les soutient pas et à quelqu'un qui partage avec eux encore plus d'exemples et de "mauvaises" nouvelles.

Si vous souhaitez partager vos problèmes ou vos difficultés avec d'autres personnes, choisissez la bonne personne. Si vous avez des mentors, parlez-leur. Si vous avez des entraîneurs, parlez-leur. Si vous connaissez quelqu'un qui a succès, parlez-lui. Parler à des personnes plus positives et plus performantes que vous, cela permet d'absorber leurs pensées et leurs croyances.

Après la conversation, vous vous sentirez mieux, vous aurez l'esprit plus clair et vous pourrez vous concentrer davantage. En outre, parler aux autres est utile car savoir que vous avez toujours une personne prête à vous aider et à vous soutenir vous donne plus de confiance pour faire face aux situations difficiles de la vie.

Écrivez vos pensées

Quand vous étiez encore adolescent, vous avez peut-être tenu un journal intime dans un endroit secret et vous avez probablement avoué tant de secrets et d'expériences à votre journal. Rédiger un journal intime et le remplir de vos pensées vous fera du bien et vous aidera à rendre le monde plus clair.

Bien que vous ayez peut-être abandonné l'idée d'écrire dans un journal intime, le principe sous-jacent et ses avantages restent extrêmement valables.

La rédaction d'un journal intime réduit le stress et l'anxiété, aide à faire face à la dépression, améliore votre humeur, donne la priorité à vos problèmes et peut aussi être l'occasion d'identifier les pensées et les comportements négatifs.

La prochaine fois donc que vous voudrez avoir l'esprit clair et une meilleure concentration, écrivez simplement vos pensées sur un papier.

Méditer ou faire du yoga

Nous savons tous que la méditation et le yoga sont bons pour la santé physique et mentale. Le problème est que nous ne savons pas comment le faire et que nous manquons souvent de motivation pour le faire.

Vous pouvez faire bon usage de YouTube, et de l'internet en général, pour apprendre à faire du yoga dans le confort de votre propre maison. N'oubliez pas que lorsque vous ne savez pas comment faire quelque chose, Google et YouTube peuvent être votre meilleur ami.

Pratiquez la respiration profonde

Les avantages de la respiration profonde sont énormes :

- Elle fonctionne comme un analgésique naturel
- Améliore la circulation sanguine
- Augmente le niveau d'énergie
- Améliore la posture
- Réduit l'inflammation

- Désintoxique le corps
- Stimule le système lymphatique
- Améliore la digestion
- Détend le corps et l'esprit

C'est une longue liste. Et ce sont ces avantages qui font de la respiration profonde un bon moyen pour se vider l'esprit et atteindre un meilleur niveau de concentration. Dédier même quelques minutes par jour pour pratiquer la respiration profonde, peut aider vôtre bien-être général.

Mais la question est : comment respirer correctement et comment pratiquer la respiration profonde ?

Voici une technique simple : suivez la méthode de respiration 4-6-8.

Inspirez pendant 4 secondes, retenez votre souffle pendant 6 secondes, puis expirez pendant 8 secondes. Et faites-le à plusieurs reprises régulièrement dans la journée.

Donc, à chaque fois que vous êtes stressé et que vous avez du mal à vous concentrer sur votre travail, utilisez cette technique de respiration profonde. Bien sûr, ce sera encore mieux si vous pouvez prendre l'habitude de le faire régulièrement plutôt qu'à chaque fois que vous ressentez du stress.

Passez du temps dans la nature

Quand est ce qu'a été la dernière fois que vous vous êtes rapproché de la nature ? Si vous vivez dans la frénésie d'une grande ville, la dernière fois que vous avez passé du temps dans la nature peut remonter à très longtemps.

Imaginez vivre dans une maison tranquille entourée de verdure. Vous pouvez entendre le gazouillis des oiseaux et chaque matin, lorsque vous ouvrez les yeux, vous pouvez sentir le soleil matinal sur votre visage. Tout l'air que vous respirez est pur et le paysage est tout simplement magnifique. Quel impact pensez-vous que cela aura sur votre vie ? Ou sur votre esprit encombré?

C'est pourquoi se rapprocher de la nature est aussi un excellent moyen de libérer l'esprit et développer une meilleure concentration sur son travail. Si vous passez du temps au centre commercial, en voyant la foule de gens courir à gauche et à droite, à la fin du jour, quand vous rentrerez à la maison, vous vous sentirez fatigué et sans énergie.

Essayez de passer un peu de temps dans la nature, faites une promenade, puis asseyez-vous en silence et écoutez et ressentez la nature. Quand vous aurez fini et que vous rentrerez chez vous, vous vous sentirez frais et énergétique.

C'est la différence entre passer du temps dans la nature et passer du temps dans un centre commercial. Prévoyez donc plus de temps pour être en contact avec la nature.

Sans exagération : se rapprocher de la nature ne signifie pas que vous devez quitter votre emploi et retourner vivre dans une grotte. Trouvez seulement un moment pour admirer la nature tout autour de vous.

Créez et participez à des projets de skunkworks

L'appellation "skunkworks" est largement utilisée dans le domaine commercial et technique pour décrire un groupe au sein d'une organisation, auquel il est donné un degré élevé d'autonomie et n'est pas entravé par la bureaucratie, dont la tâche est de travailler dans des projets secrets avancés.

Saviez-vous que le premier ordinateur Apple Macintosh a été développé par un projet de Skunkworks ?

Il n'y a pas qu'Apple, Google a aussi intégré les projets de skunkworks dans sa culture d'entreprise, dans laquelle les employés peuvent consacrer 20 % de leur temps de travail à des projets secondaires qui les intéressent.

Grâce à ces projets de skunkworks, des produits très performants ont été créés dont par exemple Gmail,

Adsense et Google News. Et quand il s'agit d'avoir l'esprit clair avec une meilleure concentration, l'implication dans les projets de skunkworks est fantastique parce qu'il détourne l'attention et vous permet de vous concentrer sur d'autres choses qui vous intéressent.

Non seulement les projets de Skunkworks sont un excellent moyen de faire marcher votre créativité, mais aussi un excellent moyen de se vider l'esprit.

Tout le monde peut lancer un projet de skunkwork. Peu importe le secteur dans lequel vous travaillez, vous pouvez toujours passer du temps à faire ce que vous aimez, surtout durant votre temps libre.

Par exemple, si vous aimez le travail du bois, vous pouvez créer un blog ou une page Facebook ou une chaîne YouTube pour partager des idées et des travaux. Qui sait, un jour votre projet parallèle pourrait devenir si grand qu'il pourrait devenir une entreprise à part entière. Cependant, pour l'instant, n'oubliez pas que vous utilisez un skunkworks comme moyen de vous vider l'esprit de votre projet principal.

Faîtes tout ça.

Parmi toutes les idées, celui-ci est certainement la plus compliquée. Lorsque vous estimez que votre esprit est encombré et bloqué, vous pouvez choisir de vous éloigner de votre travail, mais vous pouvez aussi choisir de résister et de continuer à vous concentrer.

Dans ce cas, vous voulez juste forcer le flux d'idées dans votre esprit. Donc, vous allez commencer à travailler de toute façon. Et pendant ce temps, les idées commenceront à circuler et votre esprit se libérera. Les choses vont devenir un peu plus faciles. La motivation et l'inspiration viendront. Et vous travaillerez de manière productive en un rien de temps.

Bien sûr, si vous trouvez que cette méthode ne vous convient pas, faites autre chose. À chacun ses méthodes !

3. Techniques d'apprentissage et de stockage

3.1 Méthode d'apprentissage réel SQ3R

La méthode SQ3R est une approche stratégique éprouvée, étape par étape, de l'apprentissage et l'étude des manuels scolaires. C'est une méthode qui fonctionne parce qu'elle vous aide à découvrir des faits et des idées importants dans le livre, et à maîtriser et stocker ces informations en sorte que vous soyez prêt à passer un examen.

SQ3R est une abréviation destinée à vous aider à vous souvenir des étapes et à simplifier les références. Chacune représente une étape réalisée dans l'utilisation de la méthode : Survey, Question, Read, Récite et Review. Vous trouverez ci-dessous une description de chacune de ces étapes.

Ces cinq passages vous aideront à rendre votre temps d'étude plus efficace et productif. Bien que cette méthode nécessite du temps et de la pratique pour être maîtrisée, une fois apprise et appliquée, il ne sera plus nécessaire de relire les chapitres des manuels.

L'avantage supplémentaire de l'utilisation de la méthode SQ3R est que vous trouverez souvent vos questions sur un test. Étant donné que de nombreux instructeurs utilisent le manuel comme outil pour les cours qu'ils enseignent, les questions du test proviendront de la même source que celle que vous avez utilisée. Au fur et à mesure que vous examinez vos notes et vos textes, vous pourrez prévoir et préparer des réponses à de nombreuses questions d'examen.

ENQUÊTE (Survey) : [avant le cours]

L'objectif de l'enquête sur les chapitres est d'avoir une idée générale de ce dont il s'agira, du type d'informations fournies par l'auteur, le nombre de sujets secondaires sur lesquels portent les informations et combien de temps vous devrez passer à le lire. Cette enquête ne devrait pas prendre plus de 10-25 minutes, même dans les chapitres les plus longs, et devrait être composée selon le schéma suivant :

- Titre du chapitre
- Introduction
- Objectifs
- Vocabulaire
- Résumé

- Questions de vérification
- Titres en gras
- Graphiques et légendes

QUESTION (Question) : [avant le cours]

Transformez chaque en-tête en caractères gras en une question en utilisant l'un des mots suivants : qui, quoi, où, quand, pourquoi ou comment.

La raison pour laquelle vous devez créer une question pour chaque en-tête est d'établir un objectif pour lire le matériel plus en détail. Lorsque vous lisez pour trouver la réponse à une question précise, vous lisez activement.

LIRE (Read) : [après les cours]

Lisez activement la section du texte qui accompagne l'en-tête pour obtenir une réponse à la question que vous vous êtes posée à l'étape 2. La réponse sera généralement l'idée ou les idées principales des paragraphes et des détails d'appui. Lisez la section pour trouver la réponse. Le but de la lecture est de trouver la réponse à votre question.

RÉCITEZ (*Recite*) : [après les cours].

Répondez à chaque question par vos propres mots ou reformulez les mots de l'auteur. Assurez-vous que vous pouvez vous souvenir de la réponse, et non pas seulement reconnaître les informations comme étant correctes. Rédigez les questions dans votre carnet avec quelques mots ou phrases clés qui résument la réponse. Le but est de vous aider à réfléchir et à comprendre ce que vous lisez. Lorsque vous réécrivez ou reformulez ce que vous lisez, votre compréhension et votre mémoire s'améliorent.

REVISION (*Review*) : [avant la prochaine leçon]

Pour revoir, mémoriser les réponses et se poser les questions. Si vous ne pouvez pas répondre à la question, regardez vos notes et testez-vous à nouveau. Une fois que vous êtes sûr de connaître et comprendre la question et la réponse, sélectionnez là. L'objectif de la révision est de vous aider à vous préparer pour votre éventuel test. N'oubliez pas que très peu de gens lisent des livres pour le plaisir ; ils sont lus pour acquérir des informations et pour les mémoriser et les appliquer dans une situation de test. L'examen vous aide à vous souvenir des informations.

3.2 Cartes cognitives, mentales et conceptuelles

La cartographie cognitive, mentale et conceptuelle sont trois stratégies performantes de cartographie visuelle pour l'organisation, la communication et la maintenance de la connaissance. Ils nous aident à exposer des idées, des processus complexes et à reconnaître des modèles et des relations.

Une carte cognitive reproduit, comme le reflet d'un miroir, la structure des neurones et du mode de pensée le plus utilisé par les esprits géniaux comme Einstein ou Léonard de Vinci, la pensée radiale. Imaginez un grand ordinateur rayonnant sur une infinité de concepts clé, dans un nombre infini de nœuds et de données.

Grâce aux cartes cognitives, vous pouvez communiquer efficacement, générer des idées et des projets nouveaux, traiter les informations, mieux les stocker, enrichir vos présentations et bien plus encore.

Les cartes cognitives, les cartes mentales et les cartes conceptuelles semblent similaires ; cette similitude cause de la confusion. Il existe trois façons différentes de visualiser un modèle mental, qui appartient au concepteur, au chercheur ou à l'utilisateur. Chacun a ses propres forces et avantages.

- Cartes cognitives

Les cartes cognitives sont le terme général pour toutes les représentations visuelles des modèles mentaux. Toutes les techniques de cartographie décrites sont des exemples de cartes cognitives.

Définition : une carte cognitive est toute représentation visuelle du modèle mental d'une personne (ou un groupe) pour un processus ou un concept donné. Les cartes cognitives n’ont pas de règles visuelles auxquelles elles doivent obéir : il n'y a pas de restrictions sur la façon dont les concepts et les relations entre elles sont représentés visuellement.

Histoire : l'idée de la carte cognitive est née des travaux du psychologue Edward Tolman. Célèbre pour ses études sur la façon dont les souris ont appris à naviguer dans les labyrinthes. En psychologie, il a une forte connotation spatiale - les cartes cognitives font généralement référence à la représentation d'un espace (comme un labyrinthe) dans le cerveau.

Les cartes cognitives ont été utilisées depuis lors dans un certain nombre de domaines ; Colin Eden, un chercheur, a utilisé le terme dans un sens plus large pour désigner une représentation du modèle mental de tout type de processus ou de concept (spatial ou moins).

Exemple de carte cognitive : la cartographie cognitive est en format libre et peut comprendre de nombreuses méthodes d'affichage, notamment des listes à puces, des organigrammes, des diagrammes conceptuels ou d'affinité. Il peut s'agir de cartes numériques (et donc de haute fidélité), ou des cartes cognitives de faible fidélité créées avec du papier, un stylo et des autocollants.

Caractéristiques :

- La cartographie cognitive est utilisée dans une grande variété de disciplines pour divers objectifs. Les cartes cognitives sont le type de visualisation le plus général du modèle mental.

- Les cartes cognitives ne doivent pas adhérer à un format spécifique. Par conséquent, elles sont souvent abstraites et n'ont pas de hiérarchie cohérente. Elles sont flexibles et peuvent s'adapter à un large éventail de concepts ou de situations qui doivent être représentés.

- Les visualisations (de tout type) aident au traitement cognitif ; elles peuvent nous aider à perfectionner notre réflexion, nos idées et nos connaissances. Par exemple, une visualisation devient un outil utile pour décrire où est accessible une nouvelle fonctionnalité ou lorsqu'un nouveau membre de l'équipe est intégré dans un nouveau système complexe.

- Il identifie des thèmes à travers différents concepts. Présenter les concepts dans un format visuel peut faire apparaître de nouveaux modèles et de nouvelles connexions.

- Stimulation du modèle mental. La cartographie cognitive peut aider les chercheurs à comprendre les schémas mentaux des utilisateurs d'un système ou d'un processus. Cette compréhension peut être cruciale lors de la recherche de systèmes complexes ou même lorsque vous entreprenez la conception d'un nouveau produit. La stimulation du modèle mental est généralement réalisée par le biais d'entretiens individuels au cours desquels les participants construisent une représentation visuelle de leur modèle mental du sujet de recherche. La carte cognitive qui en résulte est une représentation tangible des pensées du participant et peut servir de stimulus de conversation pour le facilitateur.

Plusieurs cartes de ce type peuvent être regroupées en fonction de leurs caractéristiques; ces catégorisations peuvent guider le processus de planification. Les deux sections suivantes décrivent deux types de cartes cognitives plus contraignantes : les cartes mentales et les cartes conceptuelles.

- Cartes mentales

Les cartes mentales sont le type de cartes cognitives le plus simple. Elles ont une hiérarchie et un format clair et sont relativement rapides à créer et à utiliser. Pour les cartes mentales, la connaissance est dans les concepts. Elles sont particulièrement adaptées au développement de la créativité (brainstorming).

Définition : une carte mentale est un arbre qui représente un sujet central et ses arguments secondaires. Elles servent à aider l'esprit à digérer des concepts complexes de manière amusante, créative et personnalisée.

Histoire : Les principales caractéristiques des cartes mentales sont ancrées dans le développement des réseaux sémantiques, une technique conçue dans les années 1950 pour représenter la connaissance. En 1974, l'auteur britannique Tony Buzan a rendu populaire le terme "mind mapping".

Exemple de carte mentale : les cartes mentales ont un thème principal central, avec des nœuds qui se ramifient et des parties périphériques.

Caractéristiques :

- Une organisation et une structure claire. Les cartes mentales sont limitées aux structures à arbre. Elles ont des courants clairs et sortants de la racine de l'arbre jusqu'aux feuilles de l'arbre.

- Un sujet central. Dans les cartes mentales, tous les nœuds (sauf la racine de l'arbre) n'ont qu'un seul nœud paternel. Chaque nœud peut avoir des enfants correspondant aux thèmes secondaires à ce concept. Chaque concept d'une carte mentale peut être renvoyé directement au sujet principal.

- Il n'y a pas de définition des relations. Il n'y aucune distinction entre les différents types de relations entre les nœuds : tous les bords de l'arbre sont représentés de la même manière et sans étiquette.
- Logique "associationniste" : ce qui relie les concepts, c'est leur association avec des propriétés, des idées, pensées (c'est une logique non linéaire, intuitive, émotionnelle que l'on peut imaginer hémisphère droit du cerveau).

- Cartes conceptuelles

Les cartes conceptuelles sont une version plus complexe des cartes mentales. Elles posent l'accent sur l'identification des relations entre les sujets. En outre, un nœud dans une carte conceptuelle peut avoir plusieurs parents (tandis qu'un nœud dans une carte mentale peut en avoir qu'un seul). Pour les cartes conceptuelles, la connaissance réside dans les relations entre les concepts. Elles sont particulièrement adaptées au développement et à l'expérimentation de l'apprentissage.

Définition : une carte conceptuelle est un graphique dans lequel les nœuds représentent des concepts et sont connectés par des bords étiquetés et directs qui illustrent les relations entre eux.

Histoire : La cartographie conceptuelle a été développée dans les années 1970 par le professeur américain Joseph Novak pour aider les enseignants à expliquer des sujets complexes afin de faciliter l'apprentissage, le maintien et le lien de ces nouveaux sujets avec les connaissances existantes.

Exemple de carte conceptuelle : les cartes conceptuelles sont lues de haut en bas ; contrairement aux cartes mentales, un nœud peut avoir plusieurs parents et les bords sont étiquetés pour indiquer les relations entre les nœuds.

Caractéristiques :

- Chaque nœud peut avoir plus d'un parent (c'est-à-dire un nœud qui pointe vers lui). Par conséquent, les nœuds d'une carte conceptuelle sont souvent plus interconnectés que les nœuds dans les cartes mentales, ce qui rends les cartes conceptuelles adaptées à la description des relations complexes.
- Les bords du graphique sont directs et portent le nom des relations entre les nœuds qui se connectent. Chaque bord illustre une relation

spécifique (il est généralement étiqueté avec un verbe ou une préposition qui le saisit).

- Il relie les concepts à l'action. La cartographie conceptuelle met l'accent sur les relations en liant une idée à une autre par des verbes. Cette fonction est utile lorsque vous analysez un problème (les cartes présentent souvent des causes et des effets qui ne sont pas encore découverts).

- Les cartes peuvent être crées individuellement ou en groupe (si l'objectif est de créer une compréhension commune d'un processus interne, par exemple).

- Logique "connexionniste" : ce qui relie les concepts est une relation orientée et définie, explicite (c'est une logique linéaire et rationnelle que l'on peut imaginer comme la prérogative de l'hémisphère gauche du cerveau).

Méthodes de comparaison

Lorsqu'il s'agit de représenter l'espace physique, il existe plusieurs types de cartes possibles : les cartes topographiques, géologiques, piétonnes, plans de rues, etc. Elles sont toutes des représentations plates de la surface de la terre, mais présentent des propriétés différentes de cette surface. Les cartographes appliquent des directives différentes pour la conception d'une carte de randonnée d'un parc, une carte routière d'un État ou une carte politique d'un continent.

Comme les différentes cartes qui existent, tous les types de cartes cognitives sont en quelque sorte similaires.

Les trois cartes mentionnées ci-dessus ne sont pas des organigrammes, donc une liste d'étapes ne doit pas tenir sur une carte. Toutefois, le visionnage présente plusieurs avantages d'un concept, d'une idée ou d'un processus, que ce soit par le biais d'une carte cognitive, mentale ou conceptuelle, à la fois individuellement et en groupe :

- Elle fournit une pensée visuelle tangible
- Elle communique les relations ou les modèles entre les concepts
- Elle approfondit notre connaissance et notre compréhension d'un sujet ou d'un concept spécifique
- Elle nous aide à intégrer de nouvelles idées aux systèmes existants
- Elle synthétise un écosystème complexe en une seule visualisation qui peut être partagé

Le fait de rendre tangible des concepts flous et abstraits améliore la communication à l'intérieur d'une équipe et crée un terrain d'entente. Il est également facile pour une personne d'identifier immédiatement quelque chose sur la carte et dire "ça ne marche pas". Peut-être que quelque chose n'a pas été correctement représenté, ou peut-être que le problème se trouve devant nous. Quoi qu'il en soit, l'exercice de cartographie a permis d'identifier un élément qui nécessite une discussion plus approfondie, ce qui est beaucoup plus efficace à long terme que de poursuivre un projet avec une mauvaise compréhension.

Les cartes cognitives, les cartes mentales et les cartes conceptuelles améliorent en fin de compte notre compréhension cognitive. L'utilisation d'une technique par rapport à une autre ne crée pas ou n'interrompt pas un projet. Idéalement, une combinaison des trois peut être utilisée en fonction des exigences à différents moments du processus.

4. Manipuler le pouvoir de la créativité

4.1 Comment être plus créatif

"La créativité est contagieuse" - Albert Einstein

On pourrait considérer la créativité comme un cadeau de la nature à tous les artistes du monde ou un trait personnel que seules certaines personnes, en tant qu'entrepreneurs prospères ou de brillants acteurs d'improvisation, possèdent naturellement. Au lieu de cela, chacun peut être plus créatif en prenant simplement quelques mesures supplémentaires, mais pas nécessairement en ordre linéaire. Le chemin vers la créativité est plutôt un aller-retour, un processus dans lequel les étapes vers plus d'imagination et d'originalité se nourrissent mutuellement.

La créativité est la capacité à transcender l'ordinaire. C'est la capacité de "sortir des sentiers battus" pour trouver des solutions originales aux problèmes. Il s'agit en fait d'un élément nécessaire dans tous les domaines de notre vie. Sans créativité, nous n'aurions pas les théories mathématiques d'Einstein et le fait d'aller sur la lune serait resté de la pure science-fiction.

Pour vous aider à être créatif, vous devrez probablement appliquer un changement radical à votre mentalité. Avoir de bonnes idées n'est pas quelque chose que l'on ignore jusqu'à ce qu'il y ait un besoin urgent de le faire. C'est plutôt une compétence qui peut être pratiquée quotidiennement pour résoudre les problèmes de la vie et découvrir toutes ses utilisations pratiques.

Voici les principales mesures que vous devez prendre pour cultiver votre créativité, ainsi que quelques suggestions qui pourraient vous aider en cours de route.

Posez la bonne question

Rappelez-vous les premières histoires de Starbucks et Instagram. Aucune des deux sociétés ne serait-ce qu'elle est aujourd'hui si ses fondateurs avaient continué à essayer de résoudre les questions originales auxquelles ils essayaient de répondre. Au lieu de continuer à se demander "Comment puis-je recréer un bar italien aux Etats Unis ?", à la fin Howard Schultz a examiné ce qui ne fonctionnait pas avec cette idée, en se demandant "Comment puis-je créer un environnement confortable et relaxant pour savourer un bon café ?". Et si Kevin Systrom a initialement réfléchi à la manière de créer une super application pour partager sa position, il a fini par se poser une meilleure question : "Comment pouvons-nous créer une application simple pour le partage des photos ?"

Rapidement, sans trop y penser, écrivez 10 variations de la même question. Par exemple, à la question "Comment puis-je construire une meilleure souricière", vous pourriez écrire des variations comme "Comment faire sortir les souris de ma maison" ou "Que veut une souris?", ou "Comment puis-je rendre mon jardin, et non la maison, plus attirante pour une souris ?" L'une de vos nouvelles questions seront probablement meilleures que la première.

Faites une sorte d'enquête dans votre vie et critiquez brutalement un produit ou une situation imparfaite que vous rencontrez tous les jours. Une fois que vous avez une liste de critiques, pensez à des moyens de vous débarrasser de ces nuisances. Cela peut stimuler la créativité car les petits problèmes sont souvent les symptômes de problèmes plus importants. Steve Jobs, un brillant innovateur, a excellé à trouver les petits problèmes qui pourraient distraire l'utilisateur de l'expérience d'un produit.

Parfois, avant d'arriver à la bonne question, il faut créer quelque chose ! Une fois que c'est fait, imaginez que votre création soit utilisée à d'autres fins que l'intention initiale. Ce processus élimine vos hypothèses initiales, vous obligeant à envisager de nouvelles perspectives.

Devenir un expert

Le secret d'une réussite exceptionnelle ne réside pas dans les capacités naturelles, mais dans la pratique délibérée. En fait, les recherches suggèrent que pour être parmi les meilleurs à quelque chose, il faut 10 000 heures de pratique. Cependant, il ne s'agit pas seulement de répéter la même chose encore et encore.

Vous devez prduire un effort pour maîtriser des tâches légèrement au-delà de vos capacités.

Il faut devenir un expert dans un domaine avant de pouvoir être vraiment créatif dans ce domaine. Les créateurs à succès n'aiment pas seulement le savoir, ils en ont soif. Ils ne peuvent pas cesser de poser des questions et aller toujours au-delà de ce qu'ils ont appris des enseignants et des livres. Il existe de nombreuses façons de le faire.

Écoutez les "TED talk" : ce sont des vidéos gratuites de discours stimulants, drôles ou fascinants faits par des gens brillants. Utilisez tous vos sens pour explorer un sujet. Supposons que vous voulez connaître la ville de Mystras, en Grèce. Vous pourriez apprendre une partie de la langue Grecque, chercher des photos de la Grèce en ligne, cuisiner des plats traditionnels locaux, regarder des vidéos de festivals traditionnels, diffuser des émissions de radio locales et envoyer un e-mail à une personne du quartier pour obtenir des informations sur ce qu'il y a à voir en ville.

Soyez ouvert et conscient

Les personnes créatives sont toujours à la recherche de solutions possibles. Vous pouvez le faire en devenant plus conscient et en pratiquant la cognition, ce qui implique de remarquer intentionnellement les choses et ne pas associer les personnes que vous rencontrez à vos attentes ou aux catégories que vous avez établies dans votre esprit. Essayez plutôt d'être ouvert et curieux et de résister aux stéréotypes.

Les chercheurs ont constaté que les personnes qui se définissent chanceuses ont tendance à remarquer plus de choses et d'événements autour d'eux. Elles agissent également sur les opportunités imprévues et interagissent bien avec les autres parce qu'elles sont curieuses. Les personnes malheureuses ont tendance à être tendues et donc trop concentrées sur des objectifs étroits qu'ils laissent passer l'occasion de se développer.

Ne laissez pas les accidents vous déranger. De nombreuses inventions - telles que la pénicilline et le chewing-gum - sont nés parce que quelqu'un n'a pas surmonté un obstacle, mais l'a étudié.

Jouez et faites semblant

Lorsque vous jouez, votre esprit peut errer et votre subconscient a le temps de travailler. Voici pourquoi une période de repos pendant le travail est nécessaire pour que la créativité s'épanouisse.

Explorez l'avenir : imaginez avoir un énorme succès dans cinq ans. Écrivez autant de détails possibles sur cette réussite. Alors, écrivez l'histoire de comment vous y êtes arrivé en vous posant des questions comme "Quel a été le premier pas que j'ai fait pour atteindre mon objectif "ou "Quel était le premier obstacle et comment l'ai-je surmonté ? "

Laissez quelque chose d'incomplet. Si, à la fin de la journée, vous laissez une tâche légèrement inachevée, il serait peut-être plus facile de commencer le lendemain. C'est parce que les fils cognitifs restent en suspens dans votre esprit et, pendant que vous vous adonnez à des activités non professionnelles, votre subconscient peut vous donner une idée soudaine. Alors que notre esprit conscient s'engage à faire autre chose, c'est à ce moment précis que le subconscient résout les problèmes et les questions qui nous préoccupent.

Générez de nombreuses idées

Une façon amusante de commencer à former la capacité de générer de nouvelles idées est de dresser une liste des utilisations inhabituelles pour des objets ménagers courants. Quelles sont les possibilités d'utilisation d'un trombone ? une brique ou un couteau ? Donnez-vous cinq minutes pour établir une longue liste. Ne vous inquiétez pas de savoir si vos idées sont stupides ou non.

Il s'agit de combiner des concepts qui ne vont normalement pas ensemble. Dans une étude récente, le neuroscientifique britannique Paul Howard Jones a demandé aux gens de créer des histoires en leur donnant seulement trois mots. Pour un groupe de personnes, les mots étaient liés, comme "brosse à dents", "dents", et "lueur". Un autre groupe de personnes a reçu des paroles non liées comme "vache", "zip" et "étoile". Les personnes qui ont reçu les mots non liés ont inventé des histoires plus créatives.

Créez des associations à distance. Allez à la page 56 de deux livres différents et trouvez la cinquième phrase sur chacun ; créez maintenant une histoire qui raconte le lien entre les deux. Ou bien apprenez à utiliser certaines analogies. Trouvez des similitudes entre deux choses qui semblent différentes. Au lieu de lister "tranchant" ou "métal" pour un couteau, par exemple, identifiez des caractéristiques telles que " nécessite une légère pression pour couper". Comment ces caractéristiques peuvent-elles être appliqué à ce que vous essayez de résoudre ?

Interagissez avec des personnes différentes que vous. Tout le monde a tendance à s'entourer de gens qui sont comme eux et cela nous fait sentir en sécurité et à l'aise. Essayez aussi de vous imaginer comme quelqu'un d'autre, comme un chef cuisinier, un étudiant étranger, un inspecteur des bâtiments. Comment ces personnes verraient le monde ?

Choisissez les meilleures idées

Si vous avez suivi les six premières étapes, vous devriez avoir beaucoup d'idées. L'astuce consiste maintenant à choisir les meilleures. Pour comprendre cela, il faut se fier à son intuition. Sawyer recommande également d'adopter des idées simples, élégantes et robustes.

Laissez les idées se concurrencer. Choisissez-en deux et définissez à quel point elles sont différentes, même de la manière la plus subtile. Ou, si vous avez plus de 50 idées, écrivez chacune d'entre elles sur un post-it ou sur des aimants. Faites bouger des idées qui semblent être étroitement liées. Ainsi, vous verrez d'intéressantes différences entre les idées.

Regardez au-delà des aspects positifs. Une fois que vous avez décidé qu'une idée est bonne, identifiez ses avantages et ses inconvénients, attribuez à chacune un nombre entre 1 et 10 selon le montant de son importance. Le total des avantages devrait être sensiblement plus élevé que le nombre des inconvénients. Vous devez également penser au pire scénario. Quelles choses terribles pourraient arriver qui pourraient empêcher le succès de votre idée ?

Ne cessez jamais d'évoluer. Tout peut toujours être amélioré. Trouvez quelqu'un qui puisse vous expliquer toutes les raisons pour lesquelles votre idée n'est pas bonne. Ou bien, demandez aux personnes en qui vous avez confiance et qui seront honnêtes avec vous de regarder de façon critique votre idée. Et n'oubliez pas que même les idées qui échouent peuvent être reproposés. Le Post-It lui-même est le résultat d'un autocollant qui n'a pas très bien fonctionné.

Créez quelque chose avec vos grandes idées

La société de design de la Silicon Valley, IDEO, utilise la "pensée design", qui tente de faire circuler des versions simples d'une idée dans le monde entier dès que possible, peut-être dans une heure ou en une journée, en utilisant des matériaux simples tels que l'argile ou le carton pour donner forme à un nouvel concept. C'est une façon de penser par l'action, un processus qui mène souvent à plus d'idées.

Dessinez ou peignez. Même si vous ne pensez pas savoir dessiner, vous pouvez au moins gribouiller et personne n'aura à voir le résultat final. Problèmes abstraits - comme la relation avec quelqu'un ou une charge de travail écrasante - tirent davantage profit de leur transformation en esquisses. Dessinez avec des formes exagérées ou en utilisant des symboles simples - donnez le feu vert à votre créativité.

Faites un collage. Prenez une pile de magazines et cherchez des photos et des annonces. Découpez tout ce qui est lié à votre problème et collez-le sur un gros morceau de carton. Gardez ce collage à côté de votre bureau où vous pouvez le contempler entre deux pauses. Vous pourriez avoir un nouveau point de vue sur votre problème

Construisez quelque chose. Qu'il s'agisse de Lego, de pongo ou d'argile à modeler, ce sont tous de bons matériaux que vous pouvez utiliser pour construire votre idée.

Si générer de bonnes idées fait partie de votre travail, vous savez que c'est stressant quand vous avez l'impression d'être coincé et qu'il n'y a rien de frais dans votre cerveau. Pas de problème : la créativité est vraiment une ressource inépuisable. Il s'agit juste de trouver un nouveau moyen de la remettre en marche.

Entraînez la créativité au quotidien

Traitez la créativité comme un muscle, qui doit être régulièrement entraîné. Tout comme aller à la gym, essayez de passer une heure chaque jour à écrire, dessiner, composer ou toute autre activité artistique de votre préférence. Et tandis que nous poursuivons l'analogie de formation, il est important de faire des pauses pendant ces sessions. Si vous êtes bloqué sur un problème, il est parfois bon de s'éloigner du bureau et de faire le tour du quartier ou même prendre une douche chaude.

Mettez de la musique en fond sonore : une journée au bureau peut être remplie de réunions et de tâches de haute importance. Faire jouer une musique de fond à votre bureau vous détend et vous empêche d'être trop tendu. Vous constaterez que vous êtes plus ouvert d'esprit et plus créatif quand vous êtes calme et que vous pouvez penser plus clairement.

Découvrez à quel moment de la journée vous fonctionnez le mieux

Découvrez votre moment le plus créatif de la journée et prenez un rendez-vous quotidien prévu. Si vous êtes une personne du matin, c'est là que vous créerez la plupart de vos concepts. Il y a une science dans tout cela, et il faut être de plus en plus sélectif et discipliné sur le lieu et le moment où votre attention est investie chaque jour. Le rythme de notre journée, du réveil à l'endormissement, est réglé par une horloge interne, qui synchronise avec une précision incroyable toutes les fonctions biologiques, mais aussi les fonctions d'apprentissage et de créativité. En bref, il y a des moments durant la journée où vous serez plus créatif, et cette information est inscrite dans votre ADN. Un livre intéressant sur ce sujet est celui de The Power of When du Dr Michael Breus (traduit en français comme "Le pouvoir du quand").

Posez ce téléphone

Tout le monde est en mesure de résoudre ses problèmes de manière créative, que vous soyez ou non un spécialiste du marketing ou un ingénieur, mais nos appareils électroniques peuvent entraver la pensée créative. La quantité d'informations que nous recevons quotidiennement des téléphones et des ordinateurs est écrasante. Parfois, le simple fait de faire une pause dans cette surcharge sensorielle peut inspirer de nouvelles idées.

Dans le monde des données, cela peut être comparé à la recherche du signal dans le bruit ou à la difficulté à trouver des données significatives parmi d'énormes volumes de données à votre portée. La créativité n'exige pas toujours plus d'informations ou plus de stimuli, mais une meilleure mentalité pour examiner le problème.

Recherchez un large éventail de perspectives

La créativité naît de l'obtention d'un large éventail de perspectives dans différents domaines, car la plupart des étincelles d'intuition sont de nature interdisciplinaire (par exemple, en combinant différents arguments, généralement aux extrémités opposées du spectre, d'une manière unique et nouvelle). Il est donc essentiel d'accumuler autant de connaissances et de perspectives à partir d'un éventail de sujets aussi large que possible. La créativité, après tout, consiste à combiner la connaissance de manières nouvelles et uniques.

Travaillez pour une entreprise qui vous donne la liberté. Dans le yoga, un gourou se tient devant vous pour modeler et corriger des poses pour la classe, mais cela peut aussi restreindre la liberté de chaque étudiant. Alors que les lieux de travail ont leurs propres organigrammes et une certaine chaîne de commandement, il est important que l'individu soit son propre gourou, qu'il ait la liberté de s'éloigner des normes et de sortir des sentiers battus. C'est à tous les membres d'une équipe de se permettre d'être son propre gourou et de laisser les idées créatives couler naturellement.

Reconnaissez quand les "interrupteurs" entravent votre énergie

L'énergie est fondamentale non seulement pour la créativité, mais aussi pour la connectivité. Quand nous sommes en mode créatif, les "interrupteurs" peuvent se glisser et bloquer notre énergie, en détournant notre réflexion. Il est important de comprendre que lorsque quelque chose empêche à notre énergie de circuler, cela limite notre créativité. Les interrupteurs les plus courants sont le doute, le désordre, le conflit, la peur, le stress et le manque de ressources. Chacun a sa propre définition et chaque interrupteur a un impact sur notre créativité. Lorsque nous reconnaissons la fréquence et l'intensité de chacun d'entre eux dans notre vie quotidienne, nous pourrons les identifier et les contourner sur notre chemin vers une solution plus créative.

Défiez l'inconnu

La créativité vient de l'inconnu. Quand on peut laisser place à l'inconnu et remettre en question ce que l'on sait, c'est là que les choses les plus intéressantes se produisent. C'est comme un enfant qui joue apprenant les mécanismes d'un jeu juste pour les détruire et les reconstruire à nouveau. Repensez à l'espace, défiez l'inconnu. Travaillez avec quelque chose que vous n'avez jamais essayé auparavant.

Intégrez la créativité dans votre quotidien

La créativité est au cœur de toute activité et devrait donc faire partie de votre routine quotidienne. Tout d'abord, commencez chaque jour par une méditation pour vous vider l'esprit. Ou bien allez travailler à pied autant que possible : l'air frais et le mouvement vous permettent de rêver les yeux ouverts, de regarder autour de vous et de penser à de nouvelles idées. Vous pouvez écouter une grande variété de podcasts ou de livres audio qui allument votre étincelle créative avant d'arriver au travail. Prévoyez également une pause déjeuner à l'extérieur du bureau tous les jours ce qui vous permet de sortir de la routine et de réfléchir aux priorités stratégiques et aux projets d'une manière plus ouverte et plus créative.

Devenez désordonné, perfectionnez le tout avec les données

Il peut être difficile de trouver un équilibre entre la créativité et la prise de décisions fondées sur des données : vous voulez essayer quelque chose de nouveau et pourtant vous savez que vous devez vous baser sur ce que les données vous disent, parce que de cette façon, vous avez plus de chances de réussir. Pour atteindre vraiment des idées de succès il faut permettre aux idées créatives de circuler sans entrave. Forcez-vous donc à prendre un peu de recul et de vous éloigner de l'ordinateur. Il est souvent utile de trouver quelqu'un avec qui parler et utiliser un tableau noir pour essayer d'expliquer, de dessiner et d'effacer. Dans le monde d'aujourd'hui cela peut sembler un peu déroutant, mais neuf fois sur dix, quelque chose de réalisable en sortira. Et ensuite il est temps de revenir aux données pour chercher des signes qui pourraient aider à perfectionner et donner vie à votre idée.

Tout le monde connaît ce sentiment de blocage que l'on ressent lorsqu'on regarde une feuille blanche ou un écran. En utilisant les intuitions tirées des données, un peu comme la suggestion d'un auteur, vous avez une structure pour fonctionner, qui paradoxalement, permet à la créativité de s'épanouir. Par exemple, lorsque vous organisez la réflexion d'une nouvelle campagne, il est facile de se perdre face à des possibilités infinies. En fonction de vos objectifs, il est facile d'utiliser les données pour former un squelette créatif de base, qui simplifie grandement le reste du travail.

4.2 Comment utiliser la créativité pour résoudre les problèmes

D'après les mots d'Einstein :

"Nous ne pouvons pas prétendre que les choses vont changer si nous continuons à faire les mêmes choses. Une crise peut être une véritable bénédiction pour toute personne, pour toute nation, car toutes les crises sont porteuses de progrès. La créativité naît de l'angoisse comme le jour naît de la nuit sombre. C'est dans la crise

que naissent l'inventivité, les découvertes et les grandes stratégies. Qui surmonte une crise surmonte soi-même.

Ceux qui imputent à une crise leurs propres échecs méprisent leur talent et s'intéressent davantage aux problèmes qu'aux solutions. L'incompétence est la véritable crise. Le plus grand inconvénient des personnes et des nations est la paresse avec laquelle ils essaient de trouver les solutions de leurs problèmes. Sans crise, il n'y a pas de défi. Sans défis, la vie devient une routine, une lente agonie. Il n'y a pas de mérite sans crise.

C'est dans la crise que nous pouvons vraiment montrer le meilleur de nous-mêmes. Sans crise, toute la pression devient une touche légère. Parler d'une crise, c'est la favoriser. Ne pas en parler, c'est exalter le conformisme. Travaillons plutôt dur. Finissons-en une fois pour toutes avec l'aspect vraiment tragique de la crise : ne pas vouloir se battre pour la surmonter". - "Le monde comme Je le vois", 1934.

La créativité est peut-être la plus mal comprise de toutes les disciplines.

Selon Donald N. MacKinnon, qui est considéré comme l'un des chercheurs les plus importants dans le domaine de la créativité :

"Les personnes créatives ont une flexibilité cognitive remarquable, elles communiquent facilement, elles sont intellectuellement curieuses et ont tendance à laisser libre cours à leurs pulsions".

Les penseurs créatifs ont tendance à être des concentrés d'énergie pure et des machines pour la productivité. Pensez à Richard Branson et Elon Musk. Un autre est Yoshiro Nakamatso, un Inventeur japonais qui prétend avoir eu ses meilleures idées alors qu'il était sous l'eau et manquait d'oxygène. Il a inventé la disquette en 1952, apparemment à quelques secondes de la mort par noyade.

Mais cela nous amène à une question fondamentale. Pourquoi ne pouvons-nous pas utiliser ces "sphères d'énergie" et ces "idées brillantes" pour résoudre nos problèmes personnels ? Que pourrait-il y avoir de mieux que de résoudre tous vos problèmes personnels avec la créativité ?

À un moment donné de sa propre vie, chacun d'entre nous devient un solveur de problèmes. Vous avez un problème lorsque votre situation actuelle diffère de l'objectif souhaitée. Vous voulez être riche, mais votre compte en banque est dans le rouge. Vous voulez sortir avec cette personne merveilleuse, mais votre langue se tord à chaque fois que vous y pensez. Vous attendez une promotion mais votre patron ne se décide pas. D'une manière ou d'une autre, ce que vous voulez et ce que vous avez sont très différents.

Et dans la plupart des cas, nous avons les moyens et la motivation pour résoudre le problème, mais il n'y a pas de procédure claire pour y arriver. Nous marchons et hésitons un peu et nous finissons par abandonner. Fin de l'histoire.

Mais il n'est pas toujours nécessaire que ce soit ainsi. Si nous continuons à appliquer les techniques de créativité dans chaque aspect et dans tous les domaines de la vie, nous pourrons nous imposer comme un solveur de problèmes pour l'avenir. La tâche est celle d'Hercule, mais elle peut être accomplie.

Cela nous amène à l'étude fascinante faite par le brillant mathématicien George Pólya (1887-1985). Sa monographie sur la résolution des problèmes intitulée "Comment le résoudre" résume le processus de dépannage comme suit.

Tout d'abord, assurez-vous de bien comprendre le problème. Vous pouvez y parvenir en développant une mentalité adaptée au dépannage.

Une fois que vous l'aurez compris, créez un plan pour résoudre le problème.

Poursuivez le plan en mettant en œuvre les solutions.

Regardez le travail accompli et demandez-vous "comment pourrais-je l'améliorer ? "

George Pòlya a découvert que la plupart des gens font une énorme erreur qui fait dérailler tout le processus, rendant le succès beaucoup moins probable. Quel est l'erreur ?

Ils sautent la première étape.

Ils passent immédiatement en mode "dépannage" sans entrer dans la mentalité de "compréhension des problèmes". Cela réduit toute solution brillante à une fiction. Le dépannage finit par pousser le vrai problème sous le tapis.

Au lieu de cela, si les gens passaient plus de temps à développer une compréhension plus complète du problème, en comparant ce qu'ils savent actuellement sur le problème avec ce qu'ils doivent savoir pour avoir une image complète de la situation, il est plus probable qu'ils obtiendront des solutions fructueuses.

Voici quelques moyens simples de comprendre le problème.

Entrez dans la mentalité "Quoi".

En principe, il peut y avoir deux mentalités pour résoudre les problèmes. L'une est créative, l’autre est destructrice. La mentalité "Quoi" commence par les questions suivantes :

- Quelle est la principale cause du problème ?
- Quelles sont les options dont je dispose pour corriger le problème ?
- Que puis-je faire pour éviter que le problème ne se reproduise ?

D'autre part, la mentalité du "Qui" commence par les questions suivantes :

- Qui est l'imbécile qui a causé le problème ?
- Qui peut m'aider à rassembler des preuves pour démontrer que ce n'est pas ma faute ?
- Qui peut m'aider à me débarrasser de ce crétin ?

Voyez-vous la différence entre les deux approches ?

Parfois, nous tombons dans le piège séculaire du jeu des reproches. Dans ce cas, vous voulez faire de la recherche du coupable votre priorité absolue. N'est-ce pas ? Même si la réponse est non, votre priorité absolue devrait être de résoudre le *problème*.

Vous pouvez alimenter le problème par inadvertance en disant des choses qui le compliquent encore plus et rendant les gens sur la défensive. Concentrez-vous plutôt sur le problème en soi et demandez-vous : "Que puis-je faire pour améliorer la situation de ce point de vue" ? Concentrez le flux d'idées et les "sphères énergétiques" sur les solutions possibles au problème, au lieu de rejeter la faute sur quelqu'un.

Pensez plutôt à pointer du doigt, ce qui est beaucoup plus utile pour trouver des solutions possibles. C'est le résultat final positif qui compte. Nous sommes tous passés par là : dans des situations où est la pression était à son comble, où il n'y a le temps pour rien faire, nous succombons et appliquons une solution rapide et efficace à court terme.

Nous appliquons donc un autre patch. Le problème se développe, une solution rapide à la fois. Chaque solution rapide, qui ignore le problème sous-jacent omniprésent, s'ajoute à une masse de sables mouvants qui vous aspire, rendant les problèmes insolubles.

La solution consiste à éviter la tyrannie de ce mécanisme, en évitant les solutions rapides auxquelles vous ajoutez des pressions sans avoir une compréhension approfondie du véritable problème et des possibles répercussions

Il est facile de succomber à cette tentation. Les solutions rapides sont très séduisantes. Si vous ne regardez pas trop loin dans le futur, elles semblent fonctionner. Mais dans une perspective à plus long terme vous pourriez même vous retrouver à marcher dans un champ jonché de mines explosives.

Rappelez-vous toujours qu'une solution créative ne comporte pas de coins sombres ou mystérieux. Chaque partie de la solution se trouve à la lumière du jour. Bien que vous ne connaissiez pas tous les détails de la façon dont les choses s'arrangeront à l'avenir, vous aurez quand même une voie claire à suivre. Il n'existe pas de solutions rapides et faciles.

Ne croyez pas aux solutions temporaires. Investissez votre énergie pour trouver des solutions permanentes, bien que plus difficiles à réaliser.

Critiquez les idées, pas les personnes

Vous avez un problème. Vous demandez de l'aide à Jacob, qui vous propose une solution et vous n'êtes pas satisfaits.

Vous pouvez réagir de trois manières possibles :

- Rejeter Jacob et le traiter d'incompétent.
- Rejeter l'idée proposée par Jacob.
- Discuter un peu plus de l'idée de Jacob.

Le premier choix n'est pas du tout intelligent. Même si Jacob est un terrible incompétent, le traiter de la sorte le dissuadera très probablement de vous offrir davantage de ses idées pour l'avenir. La deuxième option est la voie du milieu, mais elle ne vous aidera pas, ni Jacob, à aller de l'avant. Ce n'est pas terrible. Alors, que faisons-nous ?

Il ne reste plus qu'à choisir la troisième option. Pas d'accusation. Pas de jugement. Seulement une simple conversation. Elle permet à Jacob de mieux comprendre le problème. C'est le début d'une conversation, pas une dispute. Une petite dose de courtoisie vous aidera à rester concentré sur les purs mérites de l'idée et éviter les distractions personnelles.

N'oubliez pas que nous sommes tous capables de générer d'excellentes idées innovantes et que nous sommes tous aussi capable de proposer des solutions stupides. Même si l'idée n'est pas exceptionnelle, elle pourrait contribuer à façonner la solution, en montrant la meilleure voie à suivre. Vous ne devez pas être exceptionnel pour commencer, mais vous devez commencer pour être exceptionnel.

"Il n'y a rien de permanent, sauf le changement", a déclaré Héraclite. Cela a été vrai au cours de l'histoire et plus encore à l'époque où nous vivons aujourd'hui. Vous êtes dans un monde passionnant toujours en mouvement. Vous pouvez être un professionnel dans n'importe quel domaine, mais si vous pensez que vous en avez fini avec l'apprentissage, vous vous trompez lourdement.

En fait, la plupart de nos problèmes pourraient être dus au fait que nous ne sommes pas correctement équipés pour y faire face. Nous ne sommes pas en phase avec notre époque et nous sommes tristement obsolète. Et cela limite notre capacité de résoudre les problèmes.

Comment rester en phase avec notre époque ?

- Apprenez de façon intéractive et progressive.
- Organisez-vous de manière à disposer chaque jour d'un peu de temps pour vous reposer et récupérer l'énergie. Il ne faut pas que ce soit long, mais il faut que ce soit régulier.

- Internet est vaste. Utilisez-le ! Lisez les blogs et les ressources en ligne pour avoir une idée des problèmes dans lesquels les personnes se retrouvent et des solutions qui pourraient vous aider à résoudre vos problèmes.

- Assistez à des séminaires et des conférences. Les conférences réunissent des experts. Ces réunions sont une excellente occasion d'apprendre directement d'eux.

- Lisez avec voracité : l'importance de la lecture ne peut être surestimée. Comme a déclaré Stephen King : "Si vous n'avez pas le temps de lire, vous n'avez pas le temps (ou les outils) pour rien d'autre. C'est très simple".

- N'oubliez pas que vous ne devez pas et que vous ne pouvez pas être expert en tout. Mais attention aux changements dans le monde dans lequel vous vivez et planifiez votre carrière et votre avenir consécutivement.

- Enfin, il faut tenir un registre des solutions.

Cela peut sembler trivial, mais un journal des solutions est un outil pour la résolution de problèmes très important qui est souvent négligé. Les problèmes arrivent et réapparaissent dans la vie, dans le travail et même dans les relations de façon continue. Et il ne sert à rien de réinventer la roue chaque fois que le même problème se pose. Quand un problème apparaît, au lieu de dire : "Hé, ça m'est déjà arrivé. Mais je n'ai aucune idée de la façon dont Je l'ai résolu", vous pouvez rapidement retrouver la solution que vous avez utilisée dans le passé. Il est inutile de dire que cela vous permettra non seulement de gagner du temps, mais aussi d'accroître votre estime de vous et votre confiance à des niveaux impensables.

N'oubliez pas que la créativité dans la résolution des problèmes vient de vous-même, en étudiant et comprenant le problème ; et enfin en trouvant une solution, dans cet ordre.

Comme Albert Einstein l'a dit à juste titre :

"Nous ne pouvons pas résoudre nos problèmes avec le même type de pensée qui les a créés."

5. Les énigmes d'Einstein

Seuls 2 % des gens sont capables de résoudre les énigmes d'Einstein : 98 % sont incapables de trouver les solutions. Oui, c'est très difficile.

Rien de tel qu'une bonne énigme pour stimuler votre esprit et vous donner une excuse pour canaliser votre Sherlock Holmes intérieur. Bien sûr, l'excitation de résoudre des énigmes pourrait ne pas vous donner la montée d'adrénaline d'un parachutiste, mais faire régulièrement des exercices de logique et des mots croisés peut garder votre cerveau jeune et ils peuvent aussi être très drôles.

Maintenant, vous pouvez faire progresser vos compétences en matière de résolution de problèmes en utilisant les énigmes inventées par Albert Einstein. L'histoire raconte qu'Einstein a écrit un de ces puzzles compliqués quand il était jeune et a estimé que seulement deux pour cent des personnes qui essayaient de résoudre le problème l'auraient fait avec succès.

Bien qu'il n'y ait pas de preuves tangibles qu'Einstein ait créé cet énigme - il a en quelque sorte prédit le nombre exact de personnes qui pourraient le résoudre - cela reste une énigme très intéressante.

Le puzzle du zèbre est un puzzle logique bien connu. Il existe de nombreuses versions du puzzle, dont une version publiée dans le magazine Life International le 17 décembre 1962. Le numéro de Life du 25 mars 1963 contenait la solution et les noms de plusieurs centaines de solveurs du monde entier.

Le puzzle est souvent appelé Puzzle d'Einstein, ou Énigme d'Einstein, mais parfois il est aussi attribué à Lewis Carroll. Cependant, il n'y a pas de preuve connue et la version Life International du puzzle mentionne des marques de cigarettes, telles que Kools, qui n'existaient pas pendant la vie de Carroll ou l'enfance d'Einstein.

Le puzzle Zèbre a été utilisé comme point de référence dans l'évaluation des algorithmes informatique pour la résolution des problèmes.

La voici, la plus célèbre des énigmes d'Einstein.

"Il y a une rangée de cinq maisons de couleurs différentes. Chaque maison est occupée par un homme de différente nationalité. Chaque homme a un animal de compagnie différent, préfère une boisson différente et fume une autre marque de cigarettes.

- Le Britannique vit dans la maison rouge.
- Le Suédois a un chien.
- Le Danois boit du thé.

- La maison verte se trouve à côté de la maison blanche, sur la gauche.
- Le propriétaire de la maison verte boit du café.
- La personne qui fume des Pall Mall a un oiseau.
- Le propriétaire de la maison jaune fume des Dunhill.
- L'homme qui vit dans la maison du centre boit du lait.
- Le Norvégien vit dans la première maison.
- L'homme qui fume des Blends vit à côté de l'homme qui a un chat.
- L'homme qui a un cheval vit à côté de l'homme qui fume des Dunhill.
- L'homme qui fume des Blue Master boit de la bière.
- L'Allemand fume des Prince.
- Le Norvégien vit près de la maison bleue.
- L'homme qui fume des Blends a un voisin qui boit de l'eau.

Qui a un poisson ?

Faites-vous partie du 2 % de la population ?

Vous trouverez la solution à l'énigme dans le dernier chapitre "Conclusions".

Livres

Un autre exemple de puzzle à grille a été publié en novembre 1986.

"Huit couples mariés se rencontrent pour emprunter les livres de chacun. Les couples ont le même nom de famille, même profession et même voiture. Chaque couple a une couleur préférée. De plus, nous connaissons les faits suivants :

- Daniella Black et son mari travaillent comme commis.
- Le livre "The Seadog" a été apporté par un couple qui conduit une Fiat et aime la couleur rouge.
- Owen et sa femme Victoria aiment le couleur marron.
- Stan Horricks et sa femme Hannah aiment le blanc.
- Jenny Smith et son mari travaillent comme magasiniers et conduisent une Wartburg.
- Monica et son mari Alexander ont emprunté le livre "Grand-père Joseph".

- Mathew et sa femme aiment la couleur rose et ont apporté le livre "Mulatka Gabriela".
- Lisa et son mari Jack travaillent comme comptables.
- Le livre "We Were Five" a été emprunté à un couple au volant d'une Trabant.
- Les Cermak sont tous deux contrôleurs et ils ont apporté le livre "Shed Stoat".
- Le couple Kouriles sont tous deux médecins et ils ont emprunté le livre "Slovacko Judge".
- Paul et sa femme aiment la couleur verte.
- Veronica Dvorak et son mari aiment la couleur bleue.
- Rick et sa femme ont apporté le livre "Slovacko Judge" et conduisent une Ziguli.
- Un couple a apporté le livre "Dame commissaire" et a emprunté le livre "Mulatka Gabriela".
- Le couple qui conduit une Dacia, adore la couleur violette.
- Le couple d'enseignants a emprunté le livre "Dame commissaire".
- Le couple d'agriculteurs conduit une Moskvich.

- Pamela et son mari conduisent une Renault et ont apporté le livre "Grand-père Joseph".
- Pamela et son mari ont emprunté le livre que le couple Zajac a apporté.
- Robert et sa femme aiment la couleur jaune et ils ont emprunté le livre "La comédie moderne".
- M. et Mme Swain travaillent comme acheteurs.
- "La comédie moderne" a été apporté par un couple conduisant une Skoda.

Pouvez-vous tout savoir sur tout le monde ?

La solution se trouve à la fin du chapitre "Conclusions".

Navires

Le puzzle de la grille suivante est plus simple que les précédents.

"Il y a 5 navires dans un port.

- Le navire grec part à six heures et transporte du café.
- Le navire au milieu a une cheminée noire.
- Le navire anglais part à neuf heures.

- Le navire français avec la cheminée bleue se trouve à gauche d'un navire transportant du café.
- À droite du navire transportant le cacao se trouve un bateau qui se rend à Marseille.
- Le navire brésilien se dirige vers Manille.
- A côté du navire transportant le riz se trouve un navire avec une cheminée verte.
- Le bateau qui se rend à Gênes part à cinq heures.
- Le bateau espagnol part à sept heures et se trouve à droite du bateau en direction de Marseille.
- Le navire à cheminée rouge se rend à Hambourg.
- A côté du bateau qui part à sept heures, il y a un bateau avec une cheminée blanche.
- Le bateau à la frontière transporte du maïs.
- Le bateau avec une cheminée noire part à huit heures.
- Le navire transportant le maïs est ancré à côté du navire transportant le riz.
- Le bateau pour Hambourg part à six heures.

Quel navire se rend à Port Saïd ? Quel navire transporte du thé ?"

Jardins potagers

"Cinq amis ont leur potager l'un à côté de l'autre, où ils font pousser trois sortes de cultures : des fruits (pomme, poire, noix, cerise), des légumes (carotte, persil, potiron, oignon) et des fleurs (aster, rose, tulipe, lys).

- 12 variétés différentes poussent.
- Chacun cultive exactement 4 variétés différentes.
- Chaque variété se trouve au moins dans un jardin.
- Une seule variété est présente dans 4 jardins.
- Un seul jardin possède les 3 types de cultures.
- Les quatre variétés d'un même type de culture ne se trouvent que dans un seul jardin.
- Les poires ne se trouvent que dans les deux jardins de la frontière.
- Le jardin de Paul se trouve au milieu et est sans lys.
- Le producteur d'asters ne cultive pas de légumes.

- Le rosiériste ne cultive pas le persil.
- Le producteur de noix a également du potiron et du persil.
- Dans le premier jardin, il y a des pommes et des cerises.
- Il n'y a des cerises que dans deux jardins.
- Sam a des oignons et des cerises.
- Luca cultive exactement deux sortes de fruits.
- Les tulipes ne se trouvent que dans deux jardins.
- Les pommes se trouvent dans un seul jardin.
- Un seul jardin à côté de chez Zick's a du persil.
- Le jardin de Sam n'est pas à la frontière.
- Hank ne cultive pas de légumes ni d'étoiles.
- Paul a exactement trois sortes de légumes.

Qui a quel jardin et qu'est-ce qui pousse où ?

N'oubliez pas de vérifier vos intuitions à la fin du chapitre "Conclusions" !

6. Définir les objectifs SMART

Avez-vous parfois l'impression de travailler dur mais de ne rien pouvoir faire de concret ?

Peut-être vous constatez de petites améliorations dans vos compétences ou vos résultats lorsque vous pensez aux cinq ou dix dernières années. Ou peut-être vous avez du mal à imaginer comment vous allez réaliser vos ambitions dans les prochaines années.

De nombreuses personnes passent leur vie à la dérive d'un emploi à un autre, ou se hâtent en essayant de faire plus en réalisant très peu. Fixer des objectifs SMART signifie clarifier vos idées, concentrer vos efforts et utiliser votre temps et vos ressources de manière productive et augmenter vos chances d'obtenir ce que vous voulez dans la vie. C'est un outil essentiel si vous voulez apprendre plus et surtout de manière plus efficace, tout comme le ferait un génie comme Einstein.

Que signifie SMART ?

SMART est un acronyme que vous pouvez utiliser pour guider la définition de vos objectifs.

Ses critères sont communément attribués au concept de Peter Drucker, le soi-disant "Management by Objectives". La première utilisation connue de ce terme a eu lieu en Novembre 1981 dans Management Review par George T. Doran. Depuis lors, le professeur Robert Rubin (Université de Saint Louis) a écrit sur la méthode SMART dans un article pour The Society for Industrial and Organizational Psychology, dans laquelle il a déclaré que SMART signifiait différentes choses pour différentes personnes, comme indiqué ci-dessous.

Pour s'assurer que vos objectifs sont clairs et réalisables, chacun d'entre eux doit être :

Specific - Spécifique (simple, sensible, important).

Measurable - Mesurable (significatif, motivant).

Achievable - Réalisable (convenu, réalisable).

Relevant - Pertinent (raisonnable, réaliste et doué de ressources, axé sur les résultats).

Time Limited - Limité dans le temps (basé sur un temps limité, opportun).

En outre, il peut être nécessaire de mettre à jour la définition de l'acronyme SMART pour refléter l'importance de l'efficacité et du retour d'information. En fait, certains auteurs l'ont étendu pour inclure des domaines d'intérêt supplémentaires ; SMARTER, par exemple, comprend Evaluated - Evalué et Reviewed - Révisé.

Comment utiliser SMART

Paul J. Meyer, homme d'affaires, auteur et fondateur de Success Motivation International, décrit les caractéristiques des objectifs SMART dans son livre de 2003, "L'attitude fait tout : si vous voulez réussir plus que les autres". Ses définitions sont très utiles pour explorer comment créer, développer et atteindre vos objectifs.

1.Spécifique

Votre objectif doit être clair et précis, sinon vous ne pourrez pas concentrer vos efforts ou vous sentir suffisamment motivé pour y parvenir. En écrivant votre objectif, essayez de répondre aux cinq questions de base :

- Qu'est-ce que je veux accomplir ?
- Pourquoi cet objectif est-il important ?
- Qui est impliqué ?
- Où se trouve-t-il ?
- Quelles sont les ressources ou les limites ?

Exemple :

Imaginez que vous êtes actuellement un responsable marketing et que vous voulez devenir le chef du secteur du marketing. Un objectif spécifique pourrait être "Je veux acquérir les compétences et l'expérience nécessaires pour devenir responsable de la commercialisation au sein de mon entreprise, afin que je puisse avancer dans ma carrière et diriger une équipe performante".

2. Mesurable

Il est important d'avoir des objectifs mesurables afin de pouvoir suivre vos progrès et rester motivé. L'évaluation de vos progrès vous aide à rester concentré, à respecter votre délai et ressentir l'excitation de vous rapprocher de votre objectif.

Un objectif mesurable devrait répondre à des questions telles que :

- Combien ?
- Comment ferai-je pour savoir que je l'ai atteint ?

Exemple :

Vous pourriez mesurer votre objectif d'acquisition des compétences nécessaires pour devenir responsable du service marketing après avoir suivi les formations nécessaires et acquis l'expérience pertinente, le tout dans un délai de cinq ans.

3. Accessible :

Votre objectif doit également être réaliste et réalisable pour que tout ait succès. En d'autres termes, elle doit vous permettre d'élargir vos compétences tout en restant réalisable. Lorsque vous vous fixez un objectif réalisable, vous pouvez identifier des opportunités ou des ressources précédemment négligées qui peuvent vous aider.

Un objectif réalisable répondra généralement à des questions comme :

- Comment puis-je atteindre cet objectif ?
- Dans quelle mesure l'objectif est-il réaliste, compte tenu d'autres contraintes, telles que des facteurs financiers ?

Exemple :

Vous devrez peut-être vous demander si le développement des compétences requises pour devenir responsable de la commercialisation est réaliste, compte tenu de votre expérience et des qualifications existantes. Par exemple, avez-vous le temps de suivre effectivement la formation requise ? Les ressources nécessaires sont-elles disponibles ? Avez-vous les moyens de le faire ?

Faites attention à définir les objectifs sur lesquels quelqu'un d'autre a du pouvoir. Par exemple, "Obtenir une promotion" dépend de la décision de quelqu'un d'autre. Mais "obtenir l'expérience et la formation dont j'ai besoin pour être pris en compte pour la "promotion" dépend entièrement de vous.

4. Pertinent

Cette étape consiste à s'assurer que votre objectif est important pour vous et que vous vous alignez également sur vos autres objectifs pertinents. Nous avons tous besoin de soutien et assistance pour atteindre nos objectifs, mais il est important de garder le contrôle sur ceux-ci. Assurez-vous donc que vos projets vous aident à atteindre votre objectif final.

Un objectif pertinent doit répondre "oui" à ces questions :

- Cela vous semble-t-il utile ?
- Est-ce le bon moment ?
- Cela correspond-il à vos efforts / besoins ?
- Êtes-vous la bonne personne pour atteindre cet objectif ?
- Est-il applicable dans le contexte socio-économique actuel ?

Exemple :

Vous pourriez vouloir acquérir les compétences nécessaires pour devenir le chef du marketing au sein de votre organisation, mais le moment est venu d'entreprendre la formation requise ou travailler pour obtenir des qualifications supplémentaires ? Êtes-vous sûr d'être la bonne personne pour ce rôle ?

Avez-vous pris en compte les objectifs de votre conjoint ? Par exemple, si vous voulez fonder une famille, compléter la formation pendant votre temps libre rendrait la chose peut-être plus difficile.

5. Limité dans le temps

Chaque objectif a besoin d'une date limite, de telle sorte à avoir une date limite sur laquelle se concentrer et travailler. Cette partie des critères des objectifs SMART aide à empêcher que les activités quotidiennes ne prennent le pas sur les objectifs à long terme.

Un objectif à durée déterminée répondra généralement à ces questions :

- Quand ?
- Que puis-je faire dans six mois ?
- Que puis-je faire dans six semaines ?
- Que puis-je faire aujourd'hui ?

Exemple :

L'acquisition des compétences nécessaires pour devenir directeur du marketing peut nécessiter une formation complémentaire ou une expérience, comme nous l'avons dit précédemment. Combien de temps emploierez-vous pour acquérir ces compétences ? Avez-vous besoin d'une formation complémentaire, afin de pouvoir bénéficier de certains examens ou qualifications ? Il est important de se donner un peu de temps réaliste pour atteindre les petits objectifs nécessaires à la réalisation de votre but ultime.

Avantages et inconvénients

La technique SMART est un outil efficace qui apporte clarté, concentration et motivation pour atteindre vos objectifs. Elle peut également améliorer votre capacité pour les atteindre en vous encourageant à définir vos objectifs et à fixer une date d'achèvement.

Les objectifs SMART sont également faciles à utiliser par quiconque, où que ce soit, sans qu'il faille nécessairement des outils spécialisés ou des formations de toute sorte.

Diverses interprétations de la technique SMART ont fait en sorte que cette méthode puisse perdre son efficacité ou être mal comprise. Certaines personnes pensent que la technique SMART ne fonctionne pas bien pour les objectifs à long terme parce qu'elle manque de souplesse, tandis que d'autres suggèrent qu'elle pourrait étouffer la créativité.

Ce qui est certain, c'est que lorsque vous utilisez la technique SMART, vous pouvez créer des objectifs clairs, accessibles et significatifs et ainsi développer votre motivation, le plan d'action et le soutien nécessaires pour les atteindre.

Vous avez peut-être toujours rêvé de voyager dans le monde, mais cela ne s'est jamais produit. Peut-être vous dites-vous que vous n'avez ni le temps ni l'argent et vous y penserez l'année prochaine.

Essayez de vous fixer des objectifs SMART pour vous aider à concrétiser vos projets de voyage, mesurables, réalisables, pertinents et limités dans le temps. Vous constaterez peut-être que la véritable raison pour laquelle vous n'avez pas voyagé est que vos projets étaient trop vagues ou irréalistes. Pensez à comment ajuster votre vision et la reformuler comme un objectif SMART, afin que vous puissiez réaliser votre rêve.

Fixez des objectifs qui vous motivent

Lorsque vous vous fixez des objectifs, il est important qu'ils vous motivent : cela signifie s'assurer qu'ils soient importants pour vous et qu'il est utile de les atteindre. Si vous avez peu d'intérêt pour le résultat, ou qu'ils ne sont pas pertinents, compte tenu de la vue d'ensemble, alors les chances que vous travaillez dur pour qu'ils se réalisent sont rares. La motivation est la clé de la réussite.

Fixez des objectifs en rapport avec les grandes priorités de votre vie. Sans ce type de concentration, vous risquez de vous fixer trop d'objectifs, ce qui laisse trop peu de temps à dédier pour chacun. Pour atteindre les objectifs il faut s'engager donc afin de maximiser vos chances de succès, vous devez ressentir un sentiment d'urgence et avoir une attitude gagnante. Sans cela, vous risquez de remettre à plus tard ce que vous devez faire pour transformer l'objectif en fait. Vous vous sentirez alors déçu et frustré, et cela vous démotivera fortement. Vous pourriez donc vous retrouver dans un état d'esprit très destructeur.

Fixez vos objectifs par écrit

L'acte physique d'écrire un but le rend réel et tangible. Vous n'avez aucune excuse pour l'oublier. Au moment où vous écrivez, utilisez le temps verbal au présent au lieu de "je voudrais" ou "je pourrais".

Par exemple, "Je réduis mes frais de fonctionnement de 10 % cette année" et non "Je voudrais réduire mes frais de fonctionnement de 10 % cette année".

La première déclaration implique un certain pouvoir et vous aide à vous "voir" réduire vos dépenses, le second manque de passion et vous donne une excuse si vous vous distrayez.

Fixez votre objectif de manière positive. Par exemple, considérez votre objectif comme "Pour le trimestre prochain, je conserverai tous mes employés" au lieu de "je réduirai le roulement des employés". Le premier objectif est motivant, le second implique une clause d'exemption "qui consiste" à avoir du succès même si certains employés partent.

Si vous utilisez une liste de choses à faire, créez un modèle de liste avec tous vos objectifs en tête.

Si vous utilisez un plan d'action, vos objectifs doivent être votre priorité. Mettez vos objectifs dans des endroits visibles pour vous rappeler chaque jour ce que vous avez l'intention de faire. Mettez-les sur les murs, votre bureau, votre écran d'ordinateur, le miroir de salle de bain ou le réfrigérateur en guise de rappel constant.

Préparez un plan d'action

Cette étape est souvent ignorée dans le processus de définition des objectifs. Vous vous concentrez tellement sur le résultat que vous oubliez de prévoir toutes les étapes nécessaires pour atteindre votre objectif. En notant les différentes étapes et en les supprimant une par une lorsque vous les aurez achevées, vous réaliserez que vous progressez vers votre but ultime.

C'est particulièrement important si votre objectif est grand et difficile ou sur le long terme.

Soyez persévérant

N'oubliez pas que la fixation d'objectifs est une activité permanente, et pas seulement un moyen pour atteindre une fin. Créer des rappels pour vous tenir au courant et mettez à disposition des intervalles de temps réguliers pour revoir vos objectifs. La destination finale pourrait rester assez similaire à long terme, mais le plan d'action que vous avez mis en place le long du chemin peut changer de manière significative. Assurez-vous que la pertinence, la valeur et la nécessité restent élevés.

Conclusions

Einstein était un homme extraordinaire, un génie et un créateur. Le monde lui doit une dette de reconnaissance immense pour tout ce qu'il nous a laissé et il est vraiment un modèle à imiter. Si vous voulez être comme Einstein, vous verrez que c'est plus facile à dire qu'à faire. Non seulement Einstein avait un incroyable intellect, mais il avait une vision du monde unique qui lui permettait de penser en dehors des sentiers battus. Si vous voulez être un génie comme Einstein, voici comment commencer à penser comme il l'a fait.

Fantastique

Saviez-vous qu'Einstein passait des heures seul, assis à réfléchir, à rêver et à contempler le monde qui l'entoure ? La plupart des gens considèrent qu'il s'agit d'une perte de temps, mais lorsque vous rêvez, votre esprit crée des liens entre des choses que vous considérez normalement comme totalement indépendantes. Rêver c'est comme un brainstorming pour l'esprit créatif, alors laissez votre esprit aller à la dérive et regardez les informations incroyables que vous pouvez obtenir. Recherchez des personnes partageant les mêmes idées.

La meilleure façon d'encourager le génie en vous est de vous entourer d'autres génies. Une pression positive entre pairs produit toujours de bons résultats, donc entourez-vous de personnes qui vous pousseront à être plus intelligent, à travailler plus dur et à être plus créatif. Mettez-vous au contact d'autres génies et travaillez avec un mentor pour vous aider à développer votre génie spécifique de la manière la plus efficace possible.

Pensez

Einstein nourrissait un suspect constant à l'égard de la structure éducative, en particulier la manière dont laquelle les professeurs lui disaient : "C'est comme ça parce que je le dis". Il est temps de commencer à penser par vous-même, découvrir le "pourquoi" de tout. L'indépendance d'esprit est la clé de la découverte, donc soyez curieux et faites confiance à votre curiosité pour vous guider dans la bonne direction.

L'éducation variée

Saviez-vous qu'Einstein jouait divinement du violon ? La musique lui a donné un autre moyen de penser et l'a aidé à devenir créatif dans l'étude des mathématiques. Il y a un lien subconscient parmi la quasi-totalité des domaines d'étude de la planète, alors formez-vous sur un large éventail de sujets. Vous serez étonné de voir à quel point l'apprentissage de quelque chose de totalement nouveau et indépendant peut changer votre façon de penser et vous aider à devenir créatif dans tous vos processus de réflexion.

Temps perdu

Combien de temps pensez-vous qu'Einstein aurait passé sur Facebook ou Instagram s'il avait vécu à notre époque ? Il a passé la plupart de son temps à travailler, à étudier, à rêvasser ou jouer du violon. Ne perdez pas votre temps et vos précieuses ressources cérébrales aux pertes de temps et au lieu de cela coupez-les de votre vie. Vous n'avez pas à remplir toutes les heures de votre journée de travail ou d'étude, mais au lieu de cela, faites des choses qui développent votre cerveau -comme les puzzles, les mots croisés, le Sudoku, le Rubik's Cube et plus encore.

Observez le monde autour de vous

Faites le tour du monde et observez vraiment tout. Regardez comment le vent souffle et faites voler un morceau de papier, la façon dont les arbres s'étendent au soleil, et l'odeur de votre nourriture préférée. Commencez à tout disséquer dans votre esprit. Plus vous regardez le monde qui vous entoure, plus vous trouverez de sens cachés.

Étudiez

Vous voulez être un génie comme Einstein ? Il a passé une grande partie de son temps à perfectionner ses compétences en mathématiques et à étudier de nouvelles choses. Si vous avez le potentiel pour être un génie, étudiez les choses qui sont dans votre domaine naturel d'expertise. Il faut des heures d'études pour devenir un expert, et ce n'est qu'une fois que vous êtes un expert que vous pouvez vraiment commencer à devenir créatif et penser comme un génie ! Un talent brut comme celui d'Einstein ne se trouve pas à tous les coins de rue, mais cela ne veut pas dire que vous ne devez pas travailler à affiner votre génie. Tout le monde peut apprendre comme Einstein !

Pour apprendre comme lui, il faut s'efforcer d'être créatif, concentré et curieux. Ce sont les trois fondements sur lesquels repose la philosophie d'Einstein. Et si vous avez envie de tester votre intellect, pratiquez l'une des énigmes d'Einstein, spécialement créée pour tester votre raisonnement logique et créatif.

Les solutions aux énigmes :

1. L'énigme ZÈBRE :

Allemand/ Vert/ Prince/ Café/ Poisson

2. Énigme LIVRE :

Daniella et Mathew: Black / employeurs / Trabant/ Rose/ Mulatka Gabriela/ We were five

Victoria et Owen : Kuril/ Docteurs/ Skoda/ marron/ Comédie moderne/ slovacko Judge

Hannah et Stan : Horricks/ Agriculteurs/ Moskvic/ /blanc / Dame Commissaire/ Mulatka Gabriela

Jenny et Robert : Smith/ Marchands / Wartburg/ jaune/ We were five/ La comédie moderne

Monica et Alexander : Cermak/ Contrôleurs/ Dacia/ mauve/ Shead Stoat/ Grand-père Joseph

Lisa et Jack: Zajac/ Comptables/ Fiat/ Rouge/ The Seadog/ Shed Stoat

Pamela et Paul : Swain/ Acheteurs/ Renault/ Vert/ Grand-père Joseph/ The Seadog

Veronica et Rick : Dvorack/ Enseignants/ Ziguli/ Blu/ Slovacko Judge/ Dame commissaire

3. Énigme NAVIRES :

Navire espagnol / départ à 7h00 du matin / transporte du maïs / a une cheminée verte / va à Port Saïd

4. Énigme JARDINS POTAGERS :

Hank/ poire/ pomme/ cerise/ rose

Sam/ cerise/ oignon/ rose/ tulipe

Paul/ carottes/ gourde/ oignon/ rose

Zick/ Aster/ rose/ tulipe/ lys

Luc/ poire/ noix/ courge/ persil

Printed in Poland
by Amazon Fulfillment
Poland Sp. z o.o., Wrocław

61436328R00069